HR

人力资源管理与企业经营管理的

融合发展研究

吴增涛 杨俊玲 张宏宇◎著

中华工商联合出版社

图书在版编目（CIP）数据

人力资源管理与企业经营管理的融合发展研究 / 吴增涛，杨俊玲，
张宏宇著. -- 北京 :中华工商联合出版社, 2023.9
ISBN 978-7-5158-3774-1

Ⅰ. ①人… Ⅱ . ①吴… ②杨… ③张… Ⅲ . ①人力资
源管理 – 研究 ②企业经营管理 – 研究 Ⅳ . ① F243 ② F272.3

中国国家版本馆 CIP 数据核字 (2023) 第 185650 号

人力资源管理与企业经营管理的融合发展研究

作　　者：吴增涛　杨俊玲　张宏宇
出 品 人：刘　刚
责任编辑：胡小英　楼燕青
装帧设计：识途文化
责任审读：付德华
责任印制：陈德松
出版发行：中华工商联合出版社
印　　刷：三河市宏盛印务有限公司
版　　次：2024年1月第1版
印　　次：2024年1月第1次印刷
开　　本：787mm×1092mm　　　　1/16
字　　数：200千字
印　　张：13.75
书　　号：ISBN 978-7-5158-3774-1
定　　价：68.00元

服务热线：010-58301130-0（前台）
销售热线：010-58302977（网店部）
　　　　　010-58302166（门店部）
　　　　　010-58302837（馆配部、新媒体部）
　　　　　010-58302813（团购部）
地址邮编：北京市西城区西环广场A座
　　　　　19-20层，100044
http://www.chgslcbs.com.cn
投稿热线：010-58302907（总编室）
投稿邮箱：1621239583@qq.com

前　言

　　随着改革开放和市场经济的蓬勃发展，人才的价值被越来越多的企业所认同。有人说，现代企业的管理主要比拼的就是人才的管理，也就是人力资源管理。一个企业如果想要发展下去，就必须要牢牢抓住它的命脉——人力资源。人力资源保障着企业的发展，人力资源也是企业发展的重要支柱。人力资源管理水平及深度直接影响到企业经济管理的效果，关乎企业的发展，所以企业要重视和加大对人力资源经济管理手段的探索，充分利用人力资源管理的经济工具，加强对企业的人力资源管理，提高企业人力资源管理的效果。

　　在市场经济体制下，企业是市场经济中的重要构成部分，而人力资源管理已然成为企业管理的关键性因素，人力资源管理水平直接关乎企业的发展水平及前景，人力资源管理的重要性不言而喻。企业人力资源管理应当和企业的管理制度相契合，两者关系密切，人力资源的产出计量度和企业在人力资源管理中所产出的能够测量的难易度应保持一致。为此，企业开展人力资源管理工作时，要坚持企业经济效益为上。通过人力资源管理对企业内部员工做好规划与部署，使其更好地为企业服务，才可促进企业发展，使企业获取更多的经济效益。这就需要企业在开展人力资源管理中，做到以下两个方面。一方面，需全面认识企业经营的战略目标与经济规划，明确其各项要求，并以此为依据，细化到人力资源管理工作上，制定出详细、全面的人力资源管理方案，严格落实制定的企业规划，发挥出方案的作用；另一方面，在人力资源管理工作过程中，各个环节都需要以提升企业的经济效益为指导目标，包括招聘、培训、岗位的配置等，要从企业发展的全局出发，统筹考虑各项因素，提高人力资源的优化配置。

　　虽然我国人力资源管理理论起步较晚，但是经过多年的经济发展，各企业逐步认识到人力资源管理的重要性，并不断地对人力资源管理及其在企业经济管理中的影响和作用进行探讨并实践。在我国全球化水平化不断加深、市场化程度不断提高的现实情况下，如何充分使用人力资源，及时建立一套适合自身发展的人力资源管理体制，是企业发展与经济增长的关键。

目　　录

第一章　人力资源管理的工作分析与设计

第一节　工作分析概述

一、工作分析的概念

工作分析又称职位分析、岗位分析或职务分析，工作分析是通过系统全面的情报收集手段，提供相关工作的全面信息，以便组织进行改善管理效率。

工作分析是人力资源管理工作的基础，其分析质量对其他人力资源管理模块具有举足轻重的影响。

二、工作分析中的术语

在工作分析中，会涉及一些常用术语，但这些术语又常被人们混淆。因此掌握和了解这些术语对工作分析是十分必要的。

（一）工作要素

工作要素，是指工作中不能继续再分解的最小动作单位。例如，饭店的迎宾服务工作要素：开门、请客人进来。

（二）工作任务

工作任务，是指工作中为了达到某种目的而进行的一系列活动。工作任务可以由一个或多个工作要素组成。例如，工人给产品贴标签这一任务只有一个工作要素。上面提到的迎宾员的任务是迎接客人，包括两个工作要素。

（三）工作要项

工作要项就是组织为达到目标必须完成的若干任务的组合。一项工作可能需要一个人完成，如公司总经理的工作也可能需要若干人完成。

（四）工作职责

工作职责，是指任职者为实现一定的组织职能或完成工作使命而进行的一项或一系列的工作。

（五）工作职权

工作职权，是指依法赋予的完成特定任务所需要的权力，职责与职权紧密相关。特定的职责要赋予特定的职权，甚至特定的职责等同于特定的职权。例如，企业的安全检查员对企业的安全检查，这既是他的职责又是他的职权。

（六）职位

职位也称为岗位，是指担负一项或多项责任的一个任职者所对应的位置。一般情况下，有多少个职位就有多少个任职者。例如，经理、秘书、财务总监等。应该注意的是职位是以事为中心而确定的，它强调的是人所担任的岗位，而不是担任这个岗位的人。职位是确定的，而职位的任职者是可以更换的。

（七）职位分类

职位分类，是指将所有的工作岗位（职位），按其业务性质分为若干职系、职组（横向），然后按责任大小、工作的难易程度和技术高低，又分为若干个职级、职等（纵向）。对每一职位给予准确的定义和描述，制成职务说明书，以此作为对聘用人员管理的依据。其具体分类如下。

1. 职系

职系是指一些工作性质相同，而责任轻重和困难程度不同，所以职级、职等不同的职位系列。简言之，一个职系就是一种专门职业。

2. 职组

工作性质相近的若干职系综合而成为职组，也称为职群。例如，人事管理和劳动关系职组包括 17 个职系。

3. 职级

职级是分类结构中最重要的概念，指将工作内容、难易程度、责任大小、所需资格皆相似的职位划为同一职级，实行同样的管理使用与报酬（每个职级的职位数并不相同，少到一个，多到几千）。

4. 职等

工作性质不同或主要职务不同，但其困难程度、职责大小、工作所需资格等条件充分相同的职级归纳称为职等。同一职等的所有职位，不管它们属于哪个职系的哪个职级，其薪金报酬相同。

岗位分类结构应建立在科学化和系统化的基础之上，它以职位为基本元素，以职系、职组为横坐标，以职级、职等为纵坐标交叉构建而成。

（八）职务

职务是由一组主要责任相似的职位组成的，也称为工作。在不同的组织中根据不同的工作性质，一种职务可以有一个或多个职位。例如，处长这一职务，在不同的部门都设有这个职位。职务具有职务地位和职务位置的双重含义，即在同一职位，职务可以不同，如同是副厂级干部，却分为第一副厂长、第二副厂长等。虽然都是副厂级，但其职务地位却不同。一个职务也可以有多个职位，如办公室需要两个秘书，即一个职务有两个职位或需要更多的人来承担这一项工作。而对于科长，则由一人担当，它既表示职位又表示职务。一般情况下，职务与职位是不加以区别的。但是，职务与职位在内涵上是不同的，职位意味着要承担的任务和责任，它是人与事的有机结合体；而职务是指同类职位的集合体，是职位的统称，如行政管理部门的处级干部，职务都是处级干部，但是职位却相当多。职位又称为编制，所以职位的数量是有限的。一个人担当的职务不是终身制，而且对这一职务可以是专任也可以是兼任，可以是常设也可以是临时的，所以职务是经常变化的。但是职位是不随人员的变动而变动的，它是相对稳定的。对职位可以进行分类，而对职务一般不进行分类。

三、工作分析的内容

工作分析涉及两个方面的内容：一是对工作本身及工作岗位的研究，要研究每一个工作岗位的目的、该岗位所承担的工作职责与工作任务以及与其他岗位之间的关系等；二是对人员特征即任职资格的研究，要研究能胜任该项工作并完成目标的任职者必须具备的条件与资格，如工作经验、学历、能力特征等。

工作分析是指对工作进行整体分析，以便确定每一项工作的6W1H。

内容（做什么，What）：指要从事的工作活动，主要包括任职者所要完成的工作活动、任职者的工作活动结果或产出以及任职者的工作活动标准等。

目的（为什么做，Why）：任职者的工作目的，也是该项工作在整个组织中的作用，主要包括该项工作的目的、在组织中与其他工作之间的联系及相互影响的关系等。

人员（谁来做，Who）：对从事该项工作的人员应具备的要求，主要包括对任职者身体素质、知识技能、教育与培训经验以及个性特征等方面的要求。

时间（什么时候做，When）：该项工作活动进行的时间安排，主要包括工作时间安排是否有固定时间表、工作活动的开展频率，如某项活动是每日进行还是每周或每月进行等。

地点（什么场所做，Where）：该项工作进行的场所的具体环境，主要包括该项工作的地点以及该项工作的自然环境、社会和心理环境等。

上级（为谁做，for Whom）：在工作中与其他岗位，主要是上级岗位的关系，主要包括该项工作的请示汇报对象、工作的信息提供对象或工作结果的提交对象、工作监控与指挥对象。

方法（如何做，How）：任职者如何进行工作活动以获得预期的工作结果，主要包括该项工作活动的程序与流程、工作活动涉及的工具与机器设备工作活动涉及的文件记录、工作中的关键控制点等。

四、工作分析的成果

工作分析的成果包括工作描述、工作规范、工作说明书。工作说明书作为工作分析的最终结果，它包含了工作分析所获得的所有信息，并把它们以标准化的形式编制成人事文件。

（一）工作描述

工作描述，又称工作说明，是用书面形式对组织中每种职位的工作性质、工作任务、工作职责与工作环境所作的描述。它是工作说明书的重要组成部分。

工作描述的主要功能是让员工了解工作概要，监理工作程序与工作标准，阐明工作任务、责任与职权，有助于员工的招聘、考核和培训等。

工作描述的主要内容包含了5个方面：工作识别、工作概要、工作职责、工作关系、工作环境。

1. 工作识别

工作识别是将该工作与组织中其他工作相区分的显著标志，包括工作名称、工作地点及其他识别标志。

（1）工作名称

工作名称是指一组在重要职责上相同的职位总称，是区分不同岗位的主要标志。在确定工作名称时，需要注意以下几点：①工作名称应该较准确地反映职位的主要职责；②工作名称应该指明任职者在组织等级中的相关位置；③工作名称会影响任职者的心理状态，一个合适的名称不仅会增加工作的社会声望，而且可以提高员工对工作的满意度。

（2）工作地点

工作地点是指工作时所在的实际位置。对一般的公司来说，可以用工作所在的部门、分部门、工作小组的名称来定义，但对于一些特定的职位，如地区销售专员、快递公司服务派送员以及不同路线的巡逻警察则需要找出其在组织中的工作地点标志。任职者通常会把工作地点作为与待遇或工作满意度相关的重要因素考虑。

（3）其他识别标志

例如，工作在组织中的编码、编制日期、撰写人、审核人、薪资等级。这类标志主要是为了便于管理和提供特殊的类属信息。

2. 工作概要

工作概要是对工作内容的简单概括，通常是用很简练的语句对工作内容和工作目的进行归纳。工作概要一般用动词开头描述工作任务，并且只需包括最关键的工作任务即可。例如，某公司"数据处理操作监督员"的工作概要可以写为：指导所有的数据处理，进行数据控制及按要求准备数据。

3. 工作职责

工作职责的描述明确地界定了每个工作岗位应该做哪些工作，拥有哪些相应的权限，是员工工作的基础指导手册。工作职责是工作描述的一个重要方面。

4. 工作关系

工作关系是指任职者与组织内外其他人员之间的关系，包括所属工作部门、直接上级职位、直接下级职位、可晋升和平调的职位等。工作关系不仅表示了权力关系，而且也是员工职业发展的重要指示器，其中暗含着员工可能的职位晋升路线。

5. 工作环境

工作环境描述主要包括对工作的物理环境和心理环境的描述，一般应包括工作场所、工作时间、工作环境的危险性、职业病、工作均衡度、员工的舒适度等内容。对工作环境进行测定有时需要借助一些外部机构进行。工作分析者需要以测定的结果为基础，对相应的人力资源管理的政策进行制定或调整，如高温津贴、健康补助等。

（二）工作规范

工作规范，又称岗位规范或任职资格，是指任职者要胜任该项工作所必须具备的资格与条件。工作规范是工作说明书的重要组成部分。工作规范是为了完成岗位工作，并且保证良好的工作绩效而对任职者提出的一系列特定要求。它主要说明从事某项特定工作的人员所需要具备的基本素质和条件，规定了完成工作所需要的最低要求。工作规范应涵盖工作要求的多个方面，并且从所获取的信息中提取出更多的有关工作行为的要求。

在工作规范的确定中，有两个方面是需要注意的：一是工作规范所关注的应该是工作岗位，而非任职者本身；二是工作规范所确定的是从事该岗位工作的最低要求，而非理想要求。工作规范的内容：①教育程度或学历；②必备的工作经验；③必备的职业培训及资格证书等；④必备的职业能力；⑤职业能力倾向；⑥知识、技能与体能要求；⑦个性特征。

（三）工作说明书

将工作描述与工作规范结合在一起，称为工作说明书。

工作说明书作为人力资源重要的文件之一，是指用书面形式对组织结构中各类岗位（职位）的工作性质、工作任务、责任、权限、工作内容和方法、工作环境和条件以及本职务任职人资格条件所作的统一要求（书面记录）。它需要说明任职者应做些什么、如何去做和在什么样的条件下履行其职责。工作说明书必须包括该项工作区别于其他工作的信息，提供有关工作是什么、为什么做、怎样做以及在哪里做的清晰描述。工作说明书的编写是以工作分析为基础的。

工作说明书可分为岗位工作说明书、部门工作说明书和公司工作说明书。

1. 工作说明书的编写准则

（1）逻辑性

以符合逻辑的顺序来组织工作职责。一般来说，一个职位通常有多项工作职责，在工作说明书中列出这些工作职责的时候并非杂乱无章的、随机的，而是要按照一定的逻辑顺序来编排，这样才有助于理解和使用工作说明书。较常见的组织工作职责的次序是按照各项职位的重要程度和所花费任职者的时间多少进行排列，将最重要的职责、花费任职者较多时间的职责放在前面，将次要的职责、花费任职者较少时间的职责放在后面。

（2）准确性

工作说明书应当清楚地说明职位的工作情况，描述要准确，语言要精练，一岗一书，不能雷同。尽量避免选用最专业化的词汇来表示，所写的职位说明书要让大家能够理解，而不仅仅是少数的技术专家能够理解。因此，当遇到技术性的问题时，应尽量转化成较为通俗的语言，避免用词含糊。

（3）实用性

"任务明确好上岗，职责明确易考核，资格明确好培训，层次清楚能评价"。与此同时，还应该表明各项职责出现的频率，可以通过完成各项职责的时间所占的比重来表示。因此，可以在各项工作职责旁边加上一列，即表明各项职责在总的职责中所占的百分比。

（4）完整性

完整性是指在编写工作说明书的程序上要保证其全面性。

（5）统一性

文件格式统一，可参照典型工作说明书编写样本。

2. 工作说明书的内容

工作说明书的基本内容主要由以下几个方面构成。

基本资料：主要包括岗位名称、岗位等级、岗位编码、定员标准、直接上下级、分析日期。

岗位职责：主要包括职责概述和职责范围，监督与岗位关系。说明本岗位与其他岗位之间在横向与纵向的联系。工作内容和要求是岗位职责的具体化，即对本岗位所要从事的主要工作事项做出说明。

工作权限：为了确保工作的正常开展，必须赋予每个岗位不同的权限，但该权限必须与工作责任相协调、相一致。

工作条件和环境：指在一定时间、空间范围内工作所涉及的各种物质条件。

工作时间：包含对工作时间长度的规定和工作轮班制度的设计等方面内容。

资历：由工作经验和学历条件两个方面构成。

身体条件：结合岗位的性质、任务对员工的身体条件做出规定，包括体格和体力两项具体的要求。

心理品质要求：岗位心理品质及能力等方面要求，应紧密结合本岗位的性质和特点深入进行分析，并做出具体的规定。

绩效考评：从品质、行为和绩效等多个方面对员工进行全面的考核和评价。

3. 工作说明书的编写步骤

工作信息的获取：分析组织现有的资料，实施工作调查。

综合处理工作信息：对根据文件查阅、现场观察、访谈及关键事件分析得到的信息，进行分类整理，得到每一职位所需的各种信息。针对某一职位，根据工作规范所要搜集的信息要求，逐条列出这一工作的相关内容，即为初步的工作说明书。工作分析者在遇到问题时，还需随时与公司的管理人员和某一职位的工作人员进行沟通。

完成工作说明书的撰写：收集整个工作分析中所涉及的人员，并给每一位分发一份说明书初稿，讨论根据以上步骤所制定的工作说明书是否完整、准确。根据讨论的结果，最后确定一份详细的、准确的工作说明书，最终形成的工作说明书应清晰、具体、简短扼要。

五、工作分析的地位和作用

工作分析在人力资源开发管理过程中有着十分重要的地位。它是整个人事管理科学化的基础，是提高现实社会生产力的需要；是企业现代化管理的客观需要；有助于实现量化管理；有助于工作评价、人员测评与定员管理及人力规划与职业发展的科学化、规范化与标准化。

从组织的角度看，工作分析是一个基础性的工作，是维系和发展组织系统的关键。为培训和开发、绩效管理薪酬管理、劳动关系管理的一系列职能活动提供了支持。当完成以工作分析为基础的岗位工作描述以后，就建立了整个人力资源管理系统的核心。

工作分析是一项巨大而复杂的基础性工作，是在对企业一切问题进行深刻了解的基础上进行的，其具体作用有如下几点。

（一）为人力资源开发与管理活动提供依据

1.人力资源规划

工作分析能提高人力资源规划的有效性。无论什么组织，在其发展过程中必然因为组织战略的调整，外部环境与内部条件的变化而引起相应的业务、组织结构的变化。为了应对这些挑战，必须通过有效的人力资源规划来满足组织在适当的时候有足够而且合适的员工来完成组织的目标和任务。人力资源规划需要获得有关各类工作对人员数量和质量的要求，其实现必须通过工作分析来完成。

2. 员工招聘

工作分析对员工的招聘与配置具有指导作用。如果企业没有工作说明和工作规范对招聘员工工作进行指导，将很难选拔和任用符合工作要求的合格人员。通过工作分析可以确定空缺职位所需承担的任务，确定招聘员工的选拔标准和方法，为招聘和配置员工提供客观依据。只有工作要求明确，才能保证工作安排得准确。

3. 员工培训

工作分析使员工培训更为有效。工作分析可以明确从事某项工作应具备的身体素质、知识技能和心理条件。这些要求并非所有员工都可以满足的，需要不断对员工进行培训。通过工作分析，根据实际工作要求和员工的不同情况，有区别、有针对性地进行培训、安排培训内容和方案，可以有效促进员工改善工作技能，提高工作效率。

4. 绩效管理

工作分析为绩效管理提供客观的参照标准。工作分析通过对组织在不同时期、不同背景下的情况进行分析，确定各工作岗位应该达到的标准。该标准可成为绩效管理的评定标准，有利于绩效管理公平、公正、公开地开展和进行，否则，这种评价在很大程度上会带有不公正性，进而影响员工的工作积极性。

5. 薪酬管理

工作分析有助于构建合理的薪酬体系。工作分析可以明确各工作岗位的职责要求及了解任职者的知识技能、身体素质及相应学历等，为构建合理的薪酬体系提供重要的依据。工作的职责、所要求的技能教育水平、工作环境等因素将影响该工作在组织中的重要程度及组织对该项工作的评价。工作分析可以建立组织中各种工作岗位的相对重要性的排序，并通过量化的形式来确定每个职位的报酬水平。

6. 职业生涯管理

工作分析能够促进员工的职业生涯发展。员工的职业生涯设计是把个人的能力和愿望与组织内已经存在的或将出现的机会匹配起来。该过程要求负责职业生涯规划的人了解每一种工作的技能要求，这样才能保证帮助员工从事他们能够获得成功、得到满足的工作。工作分析可以提供所需要的这类信息。同时，工作分析及工作设计为员工在组织内的发展指明了合适的职业发展路径，以使员工在工作中的成就感得到满足，并且使员工获得知识、技能的提升。

（二）为组织职能的实现奠定基础

通过工作分析，有助于员工自身反省和审查自己的工作内容和工作行为，以帮助员工自觉主动地寻找工作中存在的问题，圆满实现职位对于组织的贡献。

在工作分析过程中，人力资源管理人员能够充分地了解组织经营的各个重要业务环节和业务流程，从而有助于人力资源管理职能真正上升到战略地位。

借助于工作分析，组织的最高经营管理层能够充分了解每一个工作岗位目前所做的工作，可以发现职位之间的职责交叉和空缺现象，并通过职位调整，提高组织的协同效率。

第二节 工作分析的步骤与方法

一、工作分析的步骤

工作分析是对工作做出全面评价的过程，这个过程可以分为准备阶段、调查阶段、分析阶段和总结及完成阶段。

（一）准备阶段

准备阶段的任务是了解有关情况，建立与各种信息渠道的联系，设计全盘的调查方案，确定调查的范围、对象与方法。

确定工作分析的意义、目的、方法与步骤。组成由工作分析专家、岗位在职人员、上级主管参加的工作小组，以精简、高效为原则。确定调查和分析对象的样本，同时考虑样本的代表性。根据工作分析的任务、程序，将工作分析分解成若干工作单元和环节，以便逐项完成。做好其他必要的准备工作。在进行工作分析之前，应由管理者向有关人员介绍并解释，使有关人员消除对分析人员不必要的误解和恐惧心理，帮助两者建立起相互信任的关系。

（二）调查阶段

调查阶段是工作分析的第二个阶段。主要工作是对整个工作过程、工作环境、工作内容和工作人员等主要方面做一个全面的调查。具体工作如下。

编制各种调查问卷和提纲。在调查中，灵活运用观察法、访谈法、问卷调查法、工作日志法、工作参与法、关键事件法等调查方法，根据工作分析的目的，有针对性地搜集有关工作的特征及所需要的各种数据。重点收集工作人员必要的特征信息。要求被调查人员对各种工作特征和人员特征的问题发生频率和重要性做出等级评定。

（三）分析阶段

分析阶段是对调查阶段所获得的信息进行分类、分析、整理和综合的过程，也是整个分析活动的核心阶段。具体工作如下。

整理分析资料。将有关工作性质与功能调查所得资料进行加工整理分析，分门别类，编入工作说明书与工作规范的项目内。创造性地分析、揭示各职位的主要成分和关键因素。归纳、总结出工作分析的必需材料和要素等。

（四）总结及完成阶段

总结及完成阶段是工作分析的最后阶段。这一阶段的主要任务是在深入分析和总结的基础上，编制工作说明书。具体包括以下几点。

将信息处理结果写成工作说明书，并对其内容进行检验。召开工作说明书检验会时，将工作说明书和工作规范初稿复印，分发给到会的每一位人员。将草拟的"工作说明书"与实际工作对比，以决定是否需要进行再次调查。修正"工作说明书"，对特别重要的岗位，还应按前面的要求进行再修订。将"工作说明书"应用于实际工作中，并注意收集应用的反馈信息，不断完善这两份文件。对分析工作进行总结评估，并以文件形式将"工作说明书"确定下来并归档保存，为今后的工作分析提供经验与信息基础。

工作说明书要定期进行评审，看是否符合实际的工作变化，同时要让员工参与到工作分析的每个过程，一起探讨每个阶段的结果，共同分析原因，遇到需要调整时，也要求员工加入调整工作。只有亲身体验才能加强员工对工作分析的充分认识和认同，从而在实践中有效实施。

二、工作分析的方法

在进行具体的工作分析时，要根据工作分析的目的、工作分析的对象、不同工作分析方法的利弊，针对不同人员的工作分析选择不同的方法。工作分析的方法多种多样，一般来说，主要有观察法、访谈法、问卷调查法、工作日记法、工作参与法、关键事件法等。

（一）观察法

观察法是指研究者根据一定的研究目的、研究提纲或观察表，用自己的感官和辅助工具直接观察被研究对象，从而获得资料的一种方法。科学的观察具有目的性和计划性、系统性和可重复性。

1. 观察法的使用原则

使用观察法时应注意以下原则。

首先是全方位原则。在运用观察法进行社会调查时，应尽量从多方面、多角度、不同层次进行观察，收集资料。其次是求实原则。观察者必须注意下列要求：密切注意各种细节，详细做好观察记录；确定范围，不遗漏偶然事件；积极开动脑筋，加强与理论的联系。最后是必须遵守法律和道德原则。

2. 观察法的优点

它能通过观察直接获得资料，无须其他中间环节，因此观察的资料比较真实。在自然状态下的观察，能获得生动的资料。观察具有及时性的优点，能捕捉到正在发生的现象。观察能收集到一些无法言表的材料。

3. 观察法的缺点

它受时间的限制，如某些事件的发生是有一定的时间限制的，过了这段时间就不会再发生。它受观察对象的限制，不适宜对内部提的问题，事物内部联系及较为隐蔽的事物进行研究。它受观察者自身的限制：一方面，人的感官都有生理限制，超出这个限制就很难直接观察；另一方面，观察结果也会受到主观意识的影响。观察者只能观察外在现象和某些物质结构，不能直接观察到事物的本质和人们的思想意识。

观察法不适合于大面积调查。观察法可以与访谈法、问卷调查法结合起来运用。第一步，初步了解工作信息。工作分析人员要检查现有文件，形成对工作的总体概念，如工作使命、主要任务和作用、工作流程；准备一个初步清单，作为面谈的框架；为在数据收集过程中涉及但还不清楚的主要项目做一个注释。第二步，进行面谈。工作分析人员最好是首先选择一个主管或有经验的员工对其进行面谈，因为他们最了解工作的整体情况及各项任务的配合情况，要确保选择的面谈对象具有代表性。第三步，合并工作信息。工作信息的合并是把主管、工作者、现场观察者及有关工作的书面资料等信息合并为一个综合的工作描述。在合并阶段，工作分析人员应该可以随时获得补充材料。工作分析人员要检查最初的任务或问题清单，以确保每一项都已得到答案或确认。第四步，核实工作描述。核实阶段，工作分析人员要把所有面谈对象召集在一起，目的是确定在信息合并阶段得到的工作描述的完整性和精确性。核实工作应该以小组的形式进行，工作分析人员把工作描述分发给主管和工作的承担者。工作分析人员要逐字逐句地检查整个工作描述，并在遗漏和含糊的地方做标记。

（二）访谈法

访谈法又称面谈法，是一种应用最为广泛的工作分析方法。访谈法是指工作分析人员就某一职务或职位面对面地询问任职者、主管、专家等对工作的意见和看法。在一般情况下，应用访谈法时可以标准化访谈格式记录，目的是便于控制访谈内容及对同一职务不同任职者的回答进行相互比较。

1. 访谈法的优点

它可以对工作者的工作态度与工作动机等较深层次的内容有比较详细的了解；运用面广，能够简单而迅速地收集多方面的工作资料；使工作分析人员了解到短期内直接观察法不容易发现的情况，有助于管理者发现问题；有助于与员工沟通，缓解工作压力。

2. 访谈法的缺点

访谈法要运用专门的技巧，工作分析人员需要受过专门的训练，所以比较费精力、费时间，工作成本较高。收集的信息会出现扭曲和失真的情况。访谈法易被员工认为是其工作业绩考核或薪酬调整的依据，因此他们会故意夸大或弱化某些职责。

3. 访谈的内容

访谈法广泛运用于以确定工作任务和责任为目的的情况。访谈的内容主要是得到任职者以下几个方面的信息。

工作目标即组织为什么设置这个工作岗位，并根据什么给予报酬。工作的范围与性质（面谈的内容）即工作在组织中的关系，所需的一般技术知识、管理知识和人际关系知识，需要解决问题的性质及自主权，工作在多大范围内进行，员工行为的最终结果如何度量。工作内容即任职者在组织中发挥多大的作用，其行动对组织的影响有多大。工作的责任即涉及组织战略决策、执行等方面的情况，另外要注意访谈的典型提问方式。

（三）问卷调查法

问卷调查法是工作分析中最常用的一种方法。具体来说，有关人员事先设计出一套工作分析的问卷，再由员工填写问卷，也可由工作分析人员填写问卷，最后分析人员将问卷加以归纳分析，做好详细记录，并据此写出工作职务描述。

1. 问卷调查法的优点

费用低、速度快、节省时间，可以在工作之余填写，不会影响正常工作。调查范围广，可用于多种目的、多样用途的工作分析。调查样本量很大，适用于需要对很多任务作者进行调查的情况。调查的资源可以量化，由计算机进行数据处理。

2. 问卷调查法的缺点

设计理想的调查问卷要花费较多时间，人力、物力、费用成本高。在问卷使用前应进行测试，以了解员工对问卷中所提问题的理解程度。为避免误解，还经常需要工作分析人员亲自解释和说明，这就降低了工作效率。填写调查问卷是由被调查者单独进行的，缺少交流和沟通。因此被调查者可能不积极配合、不认真填写，从而影响调查的质量。

3. 问卷调查法的注意事项

使用调查问卷的人员，一定要经过工作分析方法的专业训练。对一般企业来说，尤其是小企业不必使用标准化的问卷，因为成本太高，可考虑使用定性分析法或开放式问卷。在调查时，对调查表中的调查项目应进行必要的说明和解释。及时回收调查表，以免遗失。对调查表提供的信息认真鉴定，结合实际情况，做出必要的调整。

（四）工作日记法

工作日记法是由任职者按时间顺序，详细记录自己在一段时间内的工作内容与工作过程，经过归纳、分析达到工作分析目的的一种工作分析方法。

1. 工作日记法的优点

信息可靠性强，适于确定有关工作职责、工作内容、工作关系、劳动强度等方面的信息。工作日记法所需费用较低。工作日记法对于高水平与复杂性工作的分析比较经济有效。

2. 工作日记法的缺点

工作日记法将注意力集中于工作过程，而不是工作结果。必须要求从事该工作的人对工作的情况与要求最清楚。工作日记法适用范围较小，只适用于工作循环周期较短、工作状态稳定的岗位。信息整理的工作量大，归纳工作繁琐。

工作执行人员在填写日记时，会因为不认真而遗漏很多工作内容，从而影响分析结果。填写日记在一定程度上会影响正常工作。若由第三者填写日记，人力投入量就会很大，不适合分析大量的岗位。存在误差，需要对记录分析结果进行必要的检查。

（五）工作参与法

工作参与法是工作分析人员亲自参加工作活动，体验工作的整个过程，从中可以获得工作分析的资料。工作分析人员要想对某一工作有深刻的了解，最好的方法就是亲自实践，即通过实地考察，可以细致和深入地体验、了解、分析某项工作的心理因素及工作所需的各种心理品质和行为模型。

因此，工作参与法的优点就是：从获得工作分析资料的质量方面而言，这种方法比前几种方法效果好，工作分析人员亲自体验，获得信息真实。

工作参与法的缺点在于：只适用于短期内可掌握的工作，不适用于需要进行大量训练或有危险性工作的分析。

（六）关键事件法

关键事件法是指确定关键的工作任务以获得工作上的成功。关键事件是使工作成功或失败的行为特征或事件。关键事件法要求分析人员、管理人员、本岗位人员将工作过程中的关键事件详细地加以记录，并在大量收集信息后，对岗位的特征和要求进行分析研究的方法。

关键事件法是一种常用的行为定向方法。这种方法要求管理人员、员工及其他熟悉工作职责的人员记录工作行为中的关键事件，即使工作成功或失败的行为特征或事件。在大量收集关键事件以后，可以对它们做出分析，并总结出岗位的关键特征和行为要求。关键事件法直接描述工作中的具体活动，可提示工作的动态性，既能获得有关岗位的静态信息，也可以了解岗位的动态特点，适用于大部分工作。但关键事件法归纳事例需要耗费大量时间，易遗漏一些不显著的工作行为，难以把握整个工作实体。关键事件法研究的焦点集中在岗位行为上，因为该行为是可观察的、可测量的。同时，通过这种工作分析可以确定行为可能的利益和作用。

1. 关键事件法的优点

为向下属人员解释绩效评价结果提供了一些确切的事实依据。确保在对下属人员的绩效进行考察时，所依据的是员工在整个年度中的表现（因为这些关键事件肯定是在一年中累积下来的），而不是员工在最近一段时间的表现。保存一种动态的关键事件记录，还可以获得一份关于下属员工是通过何种途径消除不良绩效的具体实例。

2. 关键事件法的缺点

费时。关键事件法需要花费大量的时间收集关键事件，并加以概括和分类。关键事件要求是显著地对工作绩效有效或无效的事件，因此就遗漏了平均绩效水平。对工作来说，最重要的一点就是要描述"平均"的工作绩效。关键事件法对中等绩效的员工难以涉及，使得全面的工作分析不能完成。关键事件法不可单独作为考核工具，必须与其他方法搭配使用，效果才会更好。不同工作分析方法的利弊不同，人力资源管理者在进行具体的工作分析时，除了要根据工作分析方法本身的优缺点来选取外，还要根据工作分析的目的、工作分析的对象来选择不同的方法。

第三节　工作设计

一、工作设计的概念

工作设计又称岗位设计，是指根据组织需要并兼顾个人的需要，规定每个岗位的任务、责任、权力及在组织中与其他岗位关系的过程。工作设计是把工作的内容、工作的资格条件和报酬结合起来，目的是满足员工和组织的需要。工作设计问题主要是组织向员工分配工作任务和职责的方式问题，工作设计是否得当对于激发员工的积极性、增强员工的满意感及提高工作绩效都有重大影响。

二、工作设计的内容

工作设计的主要内容包括工作内容、工作职责和工作关系设计。

（一）工作内容

工作内容的设计是工作设计的重点，一般包括工作的广度、工作的深度、工作的完整性、工作的自主性及工作的反馈性。

1. 工作的广度

工作设计得过于单一，员工容易感到枯燥和厌烦。因此设计工作时应尽量使工作多样化，使员工完成任务的过程中能进行不同的活动，保持对工作的兴趣。

2. 工作的深度

设计的工作应具有从易到难的层次，对员工工作的技能提出不同程度的要求，从而增加工作的挑战性，激发员工的创造力和克服困难的能力。

3. 工作的完整性

保证工作的完整性能使员工有成就感，即使是流水作业中一个简单的程序，也要求是全过程，让员工见到自己的工作成果，感受到自己工作的意义。

4. 工作的自主性

适当的自主权力能增加员工的工作责任感，使员工感到自己受到了信任和重视。认识到自己工作的重要性，使员工工作的责任心增强，工作的热情提高。

5. 工作的反馈性

工作的反馈包括两方面：一是同事及上级对自己工作意见的反馈，如对自己工作能力、工作态度的评价等；二是工作本身的反馈，如工作的质量、数量、效率等。工作反馈信息使员工对自己的工作效果有全面的认识，能正确引导和激励员工，有利于工作的精益求精。

（二）工作职责

工作职责的设计主要包括工作的责任、权力、方法及工作中的相互沟通和协作等方面。

1. 工作责任

工作责任设计就是员工在工作中应承担的职责及压力范围的界定，也就是工作负荷的设定。责任的界定要适度，工作负荷过低、无压力，会导致员工行为轻率和低效；工作负荷过高，压力过大又会影响员工的身心健康，会导致员工的抱怨和抵触。

2. 工作权力

权力与责任是相互对应的，责任越大则权力范围越广，否则二者相脱节，会影响员工的工作积极性。

3. 工作方法

工作方法包括领导对下级的工作方法、组织和个人的工作方法等。工作方法的设计具有灵活性和多样性，不同性质的工作根据其工作特点的不同采取的具体方法也不同，不能千篇一律。

4. 相互沟通

沟通是一个信息交流的过程，是整个工作流程顺利进行的信息基础，包括垂直沟通、平行沟通、斜向沟通等形式。

5. 协作

整个组织是有机联系的整体，是由若干相互联系、相互制约的环节构成的，每个环节的变化都会影响其他环节及整个组织运行。因此各环节之间必须相互合作、相互制约。

（三）工作关系

组织中的工作关系表现为协作关系、监督关系等各个方面。通过以上 3 个方面的工作设计，为组织的人力资源管理提供了依据，保证事（岗位）得其人、人尽其才、人事相宜；优化了人力资源配置，为员工创造更加能够发挥自身能力、提高工作效率、提供有效管理的环境保障。

三、工作设计的方法

传统工作设计方法和以泰勒为代表的现代工作设计方法，最大的特点是可以最大限度地提高员工的工作效率、降低生产成本，便于生产控制。但是，所有传统工作设计方法的缺点也是明显的，最主要的缺点是只注重效率的提高和工作任务的完成，而不考虑员工对这种方法的反应，以事为中心，不重视人的因素。

现代工作设计方法则充分考虑了人的要求和因素，吸纳了传统方法中的合理成分，克服其存在的根本弊端，突出了人的因素和需要。

工作设计的方法有多种，但其中心思想是工作丰富化，而工作丰富化的核心是激励的工作特征模型。这些方法主要包括以下几种。

（一）工作专业化

当员工的素质和精力难以适应复杂而综合的工作时，就应通过提高专业化程度将工作简化。工作专业化是一种传统的工作设计方法。它通过对动作和时间的研究，把工作分配为许多很小的单一化、标准化和专业化的操作内容及操作程序，并对工人进行培训和激励，使之保持高效率。

1. 专业化工作设计的优点

专业化和单一化最紧密地结合在一起，从而可以最大限度地提高工人的操作效率。对工作执行者的技术要求低，可以节省大量的培训费用，大大降低生产成本。标准化的工序和操作方法，加强了管理者对产品数量和质量的控制，以保证生产的均衡。

2. 专业化工作设计的不足

只强调工作任务的完成，而不考虑工作执行者的反应，因而专业化带来的高效率通常会被工人对重复单一工作的不满与厌恶所造成的缺勤、离职所抵消。

（二）工作扩大化

与工作专业化相对应的是工作扩大化。工作扩大化旨在改变专业化的高效率工作所带来的单调和枯燥乏味。它包括横向扩大工作和纵向扩大工作。

1. 横向扩大工作

横向扩大工作的方法很多，例如，将属于分工很细的作业单位合并，由一人负责一道工序改为几个人共同负责几道工序；在单调的作业中增加一些变动因素，如从事一部分维修保养，清洗滑润的辅助工作；采用包干负责制，由一个人或一个小组负责一件完整的工作，降低流水线传动速度，延长加工周期，用多项操作代替单项操作等。

2. 纵向扩大工作

纵向扩大工作是将经营人员的部分职能转由生产者承担，工作范围沿组织形式的方向垂直扩大化。例如，生产工人参与计划制定，自行决定生产目标、作业程序、操作方法、检验衡量工作质量和数量，并进行经济核算。

工作扩大化的实质内容是增加每个员工应掌握的技术种类和扩大操作工作的数目，目的在于降低对原有工作的单调感和厌恶情绪，从而提高员工的工作满意度。工作扩大化在实际应用中的作用非常有限，赫兹伯格曾批评工作扩大化是"用零加上零"。

（三）工作轮换

这种方法并不改变工作设计本身，而只是让员工先后承担不同的，但内容相似的工作，定期从一个岗位转到另一个岗位。这样做使员工有更强的适应能力，感受到工作的挑战性及在一个新岗位上产生的新鲜感。日本企业广泛实行工作轮换，对培养管理人员发挥了很大作用。工作轮换的不足在于，员工实际从事的工作并没有真正得到重大改变，轮换后的员工长期在几种常规的简单工作之间重复交替工作，最终还是会感到单调与厌烦，并且容易产生报酬上的不公平感。不容忽视的是，这种工作设计的方法给员工提供了发展技术和一个较全面的观察、了解整个生产过程的机会，对组织的全局有更好的把握。

（四）工作丰富化

工作丰富化，是指在工作中赋予员工更多的责任、自主权和控制权，以满足员工的心理需求，达到激励的目的。工作丰富化思想对工作设计的影响很大，并在此基础上形成了一个著名的工作特征模型方法。

工作特征模型方法的理论依据是赫兹伯格的双因素理论。根据保健因素——激励因素理论，赫兹伯格设计了一种工作丰富化方法，即在工作中添加一些可以使员工有机会获得成就感的激励因子，以使工作更有趣、更富挑战性。这一般要求给员工更多自主权，允许员工做更多有关规划和监督的工作。

工作丰富化可采取以下措施：组成自然的工作群体，使每个员工尽心为自己的部门工作，以改变员工的工作内容；实行任务合并，让员工负担一项从头到尾的完整工作，而不只是让他承担其中的某一部分；建立客户关系，即尽可能给予员工与客户接触的机会；让员工自己规划和控制其工作，而不是让别人来控制，员工可以自己安排工作进度，处理遇到的问题，并且自己决定上下班的时间；畅通反馈渠道，找出更好的方法，让员工迅速了解其绩效情形。

工作丰富化的核心就是激励的工作特征模型。这一模型的运用可以使员工产生三种心理状态，即感受到工作的意义、感受到工作结果的责任和了解工作结果。这些心理状态可以影响个人和工作的结果，即内在工作动力、绩效水平、工作满足感、缺勤率和离职率。而引起这些关键心理状态的是工作的某些核心维度以及技能的多样性、任务的完整性、工作任务的意义、任务的自主性和反馈。工作特征模型认为可以把一个工作按照与这些核心维度的相似性或差异性来描述，按照模型中的实施方法丰富化了的工作就具有高水平的核心维度，并可由此创造出高水平的心理状态和工作成果。

工作特征模型强调员工与工作之间心理上的相互作用，并且强调最好的工作设计应该给员工以内在激励。这种方法的优点是认识到员工社会需要的重要性，可以提高员工的工作动力、满意度和生产率；缺点是成本和事故率比较高。这一模型在实践中的应用还需进一步探索。

四、工作设计的步骤

为了提高工作设计的效果，在进行工作设计时应按以下几个步骤来进行。

（一）需求分析

工作设计的第一步就是对原有工作状况进行调查诊断，以决定是否应进行工作设计，应着重在哪些方面进行改进。一般来说，员工工作满意度下降和积极性较低、工作情绪消沉等情况，都是需要进行工作设计的情况。

（二）可行性分析

在确认工作设计之后，还应进行可行性分析。一方面，应考虑该项工作是否能够通过工作设计改善工作特征，从经济效益、社会效益上看，是否值得投资；另一方面，应该考虑员工是否具备从事新工作的心理与技能准备，如有必要，可先进行相应的培训学习。

（三）评估工作特征

在可行性分析的基础上，正式成立工作设计小组负责工作设计，小组成员应包括工作设计专家、管理人员和一线员工。由工作设计小组负责调查、诊断和评估原有工作的基本特征，分析比较，提出需要改进的方面。

（四）制定工作设计方案

根据工作调查和评估的结果，由工作设计小组提出可供选择的工作设计方案。工作设计方案中包括工作特征的改进对策及新工作体系的工作职责、工作规程与工作方式等方面的内容。在方案确定后，可选择适当部门与人员进行试点，检验效果。

（五）评价与推广

根据试点情况及进行研究工作设计的效果进行评价。评价主要集中于3个方面：员工的态度和反应、员工的工作绩效、企业的投资成本和效益。如果工作设计效果良好，应及时在同类型工作中进行推广应用，在更大范围内进行工作设计。

五、工作设计的主要影响因素

一个成功有效的工作设计，必须综合考虑各种因素，既需要对工作进行周密的有目的的计划安排，并考虑到员工的具体素质、能力以及各个方面的因素，也要考虑到本单位的管理方式、劳动条件、工作环境、政策机制等因素。具体进行工作设计时，必须考虑以下几方面的因素。

（一）员工因素

人是组织活动中最基本的要素，员工需求的变化是工作设计不断更新的重要因素。工作设计的主要内容就是使员工在工作中得到最大的满足。随着文化教育和经济发展水平的提高，人们的需求层次提高了，除了一定的经济收益外，他们希望在自己的工作中得到锻炼和发展，因此对工作质量的要求也更高了。

只有重视员工的要求并开发和引导其兴趣，给他们的成长和发展创造有利的条件和环境，才能激发员工的工作热情，增强组织吸引力，留住人才。否则随着员工不满意程度的增加，带来的是员工的冷漠和生产低效，以致人才流失。因此，工作设计时尽可能地使工作特征与要求适合员工个人特征，使员工能在工作中发挥最大的潜力。

（二）组织因素

工作设计最基本的目的是提高工作效率，增加产出。工作设计离不开组织对工作的要求。具体进行设计时，应注意的问题如下。

工作设计的内容应包含组织所有的生产经营活动，以保证组织生产经营总目标顺利有效地实现。全部岗位构成的责任体系应该能够保证组织总目标的实现。工作设计应该有助于发挥员工的个人能力，提高组织效率。这就要求工作设计时全面权衡经济效率原则和员工的职业生涯和心理上的需要，找到最佳平衡点，保证每个人满负荷工作，使组织获得生产效益和员工个人满意度两方面的收益。

（三）环境因素

1. 人力供给方面

工作设计必须从现实情况出发，不能仅仅凭主观愿望，而要考虑与人力资源的实际水平相一致。例如，在我国目前人力资源素质不高的情况下，工作内容的设计应相对简单，在技术的引进上也应结合人力资源的情况，否则引进的技术没有合适的人使用，就会造成资源的浪费，影响组织的生产。

2. 社会期望方面

社会期望是指人们希望通过工作满足些什么。不同的员工其需求层次是不同的，这就要求在工作设计时考虑一些人性方面的东西。

在 21 世纪，激励越来越受到管理者的重视，因为它是对员工从事劳动的内在动机的了解和促进，从而使员工在最有效率、最富有创造力的状态下工作。工作设计直接决定了人在其所从事的工作中干什么、怎么干，有无机动性，能否发挥其主动性、创造性，有没有可能形成良好的人际关系等。优良的工作设计能保证员工从工作本身寻得意义与价值，可以使员工体验到工作的重要性和自己所负的责任，及时了解工作的结果，从而产生高度的内在激励作用，形成高质量的工作绩效及对工作高度的满足感，达到最佳激励水平，为充分发挥员工的主动性和积极性创造条件，这样组织才能形成具有持续发展的竞争力。

第二章 人力资源管理中的绩效管理

第一节 绩效管理概述

绩效管理是人力资源管理过程中最重要的环节之一，也是组织强有力的管理手段之一。员工工作的好坏、绩效的高低直接影响企业的整体绩效。因此，只有通过绩效管理，确认员工的工作成就，才能整体提高工作的效率和效益，进而实现组织目标。组织建立员工绩效管理制度，设计出行之有效的绩效管理体系，是合理利用和开发人力资源的重要措施。现代绩效管理指标体系的设置和管理方法多种多样，组织只有根据自身的实际情况采用最合适的指标和方法才能实现最有效的绩效管理。

一、绩效的含义和特点

（一）绩效的含义

绩效具有丰富的含义，一般来说，是指一个组织为了达到目标而采取的各种行为的结果。绩效又分为组织绩效和员工绩效。组织绩效是组织为了实现一定的目标所完成的各种任务的数量、质量及效率。员工绩效就是员工的工作效果、业绩、贡献。其主要包括完成工作的数量、质量、成本费用以及为提高组织形象所做出的其他贡献。绩效是员工知识能力、态度等综合素质的反映，是组织对员工的最终期望。绩效是对工作行为及工作结果的一种反映，也是员工内在素质和潜能的一种体现。它主要包括三个方面。

1. 工作效果

工作效果包括工作中取得的数量和质量，主要指工作活动所实现的预定目标的程度。工作效果涉及工作的结果。

2. 工作效率

工作效率包括组织效率、管理效率、作业效率等方面。主要指时间、财物、信息、人力及其相互利用的效率。工作效率涉及工作的行为方式，是投入大于产出，还是投入小于产出。

3. 工作效益

工作效益包括工作中所取得的经济效益、社会效益、时间效益等。工作效益主要涉及对组织的贡献。

（二）绩效的特点

人力资源管理中的绩效指的是员工或部门的绩效，我们主要分析员工绩效。绩效具有多因性、多维性和动态性三大特点。

1. 多因性

绩效的多因性是指绩效的优劣不仅仅受某一个因素的作用，而是受到多种因素的共同影响，是员工个人因素和工作环境共同作用的结果。为了绩效的相关因素，对正确设计和实施绩效管理有着重要的作用，这些因素主要有：工作技能、员工的知识水平、工作态度和工作环境等。

（1）员工的知识水平

员工的知识水平与其绩效的优劣息息相关，在其他条件相同的情况下，有较高知识水平的员工通常能取得较好的工作绩效。

（2）员工的工作技能

工作技能指的是员工的技巧和能力，具有较高技能的员工通常能取得卓越的工作成绩。员工的工作技能取决于员工的知识水平、智力、工作经历和受教育程度。在一个组织中，员工的技能一般参差不齐、千差万别。

（3）员工的工作态度

员工的工作态度是指员工的工作积极性和工作热情，体现为员工在工作过程中主观能动性的发挥。在其他条件相同的情况下，工作积极热情的员工一般能取得较好的工作绩效。员工的工作态度取决于主观和客观两方面的因素。主观方面的因素有：员工的需要、兴趣、受教育程度和价值观等。客观方面的因素：组织内人际关系、工作本身的挑战性、组织文化和竞争环境等。

（4）工作环境

环境包括组织内外环境。组织内的环境由工作条件、企业文化和人际关系等构成。组织外的环境包括组织所处的社会风气、政治形势和经济形势。

多因性的另一个说法，绩效的优劣受主客观多种因素影响，即员工的激励、技能、环境与机会，前两者是员工自身的主观影响因素，后两者是客观性影响因素。

2. 多维性

员工的工作绩效可以从多方面或多角度表现出来，工作绩效是工作态度、工作能力和工作结果的综合反映。员工的工作态度取决于对工作的认知态度及为此付出的努力程度，表现为工作干劲、工作热情和忠于职守等，是工作能力转换为工作结果的媒介，直接影响着工作结果的形成。员工的工作能力是绩效的本质来源，没有工作能力就无所谓工作绩效。工作能力主要体现在常识、知识、技能、技术和工作经验等几个方面。工作结果以工作数量、质量、消耗的原材料、能源的多少等形式表现出来。绩效的多维性决定了考评员工时必须从多个侧面进行考评才能对绩效做出合理的评价。

3. 动态性

绩效的动态性是指绩效处于动态的变化过程中，不同时期员工的绩效有可能截然不同。我们经常遇到这样的情况，绩效差的员工经过积极的教育、引导和适当的激励后，会努力工作取得较好的工作绩效；而工作绩效较好的员工由于未受到适当的激励等原因，会出现不再努力工作，使工作绩效变得较差等现象。绩效的动态性特点要求我们运用发展和一分为二的观点对员工进行绩效考评。

二、绩效管理的含义

绩效管理是根据管理者与员工之间达成的一致协议来实施管理的一个动态沟通过程，以激励员工业绩持续改进并最终实现组织战略及个人目标，是为了实现一系列中长期的组织目标而对员工绩效进行的管理。随着人们对人力资源管理理论和实践研究的逐步重视，绩效管理在组织中达到了前所未有的高度。对大多数组织而言，绩效管理的首要目标是绩效考评。但是，在这些组织中，实施绩效考评的效果却并不理想，员工的工作积极性并未被充分激发，企业的绩效也没有得到明显的改善。其原因在于，人们通常知道绩效考评而并不知道绩效管理，但两者并不相等，人们在强调绩效考评的同时，通常会忽视绩效管理的全过程。

所谓绩效管理，就是为了更有效地实现组织目标，由专门的绩效管理人员运用人力资源管理的知识技术和方法与员工一起进行绩效计划、绩效沟通、绩效考评、绩效反馈与改进、绩效结果应用等五个基本过程。绩效管理的基本特征有以下几点。

（一）绩效管理是为了更有效地实现组织预定的目标

绩效管理本身并不是目的，之所以要开展绩效管理是要更大限度地提高组织的管理效率及组织资源的利用效率，进而不断提高组织绩效，最终更有效地达到组织预定的目标。更有效地实现组织的预定目标是绩效管理的终极目的。

（二）绩效管理的主体是掌握人力资源知识、专门技术和手段的绩效管理人员和员工

绩效管理由掌握专门知识技能的绩效管理者推动然后落实到员工身上，最终由每一位员工的具体实践操作实现。可以看出，绩效管理的主体不仅是绩效管理人员，还包括每一位参与绩效管理的员工。

（三）管理的核心是提高组织绩效

绩效管理围绕如何提高组织绩效这个核心展开，其中所涉及的任何具体措施都是为了持续改进组织绩效服务的。绩效管理"对事不对人"，以工作表现为中心，考察个人与组织目标达成相关的部分。

三、绩效管理的目的

各个组织根据自身的不同情况运用绩效管理系统会侧重于不同的目的有以下几点。

（一）了解员工的工作绩效

员工希望了解自己的工作成绩，希望知道如何提高自己的工作绩效，并以此来提高自己的薪酬水平和获得晋升的机会。因此，绩效管理的结果可以向员工反馈其工作绩效水平高低，使员工了解自己工作中的不足之处，帮助员工改进，从而提高整个组织的绩效。通过绩效管理指出员工存在问题的同时，能够发现培训需求。有针对性地对员工进行培训，可以帮助员工提高工作知识、技

能及在人际关系、计划、监督等方面的能力（针对管理人员），促进员工的发展。因此，绩效管理是培训方案设计和实施的基础。

（二）绩效管理的信息可以为组织的奖惩系统提供标准

在组织的多项管理决策中都要使用管理信息（特别是绩效考评信息）。绩效考评能够使不同岗位上员工的工作绩效得到合理的比较，从而使组织在进行薪酬决策、晋升决策、奖惩决策、保留/解聘等决策时做到公平合理，使整个激励体系真正起到应有的作用。

（三）使员工的工作和组织的目标结合起来

工作绩效管理有利于发现组织中存在的问题，绩效考评的信息可以被用来确定员工和团队的工作与组织目标之间的关系，当各种工作行为与组织目标发生偏离时，要及时进行调整，确保组织目标的实现。

（四）促进组织内部信息沟通和企业文化建设

绩效管理非常注重员工的参与性。从绩效目标的制定、绩效计划的形成、实行计划中的信息反馈和指导到绩效考评、对考评结果的应用以及提出新的绩效目标等都需要员工的参与，满足员工的尊重需要和自我实现的需要，为组织创造一个良好的氛围。因此，绩效管理对于创建民主的、参与性的企业文化是非常重要的。

需要指出的是，无论绩效管理系统有多完美，也只有最终被它所影响的人接受才能够发挥作用。

四、绩效考评与绩效管理的区别与联系

绩效考评又称绩效评估。就是组织的各级管理者通过某种方法对其下属的工作完成情况进行定量与定性评价，通常被看作管理人员一年一度的短期阶段

性事务工作。在单纯的绩效考评中，管理者和下属关注的焦点主要集中在考评的指标和考评的结果上。这种关注的角度通常导致企业将现有绩效考评系统的失败归咎于考评指标的不完美、不够量化等因素，进而不断花费成本寻求更完美的考评指标。管理者和下属对考评结果的关注，则容易产生对立情绪。管理者面对打分的压力，下属则普遍抱有抵触情绪，双方处于矛盾和对立之中。

（一）绩效管理与绩效考评的联系

绩效考评是绩效管理一个不可或缺的组成部分，通过绩效考评可以为组织绩效管理的改善提供资料，帮助组织不断提高绩效管理水平和有效性，使绩效管理真正帮助管理者改善管理水平，帮助员工提高绩效能力，帮助组织获得理想的绩效水平。

（二）绩效管理与绩效考评的区别

绩效管理包括制定绩效计划、动态持续的绩效沟通、绩效考评、绩效反馈与改进、绩效考评结果的应用，是一个完整的绩效管理过程；而绩效考评只是这个管理过程中的局部环节和手段。

绩效管理是一个过程，贯穿于日常工作，循环往复进行；而绩效考评是一个阶段性的总结，只出现在特定时期。

绩效管理具有前瞻性，能帮助组织和管理者前瞻性地看待问题，有效规划组织和员工的未来发展；而绩效考评则是回顾过去一个阶段的成果，不具备前瞻性。

绩效管理以动态持续的绩效沟通为核心，注重双向的交流、沟通监督、评价；而绩效考评只注重事后的评价。

绩效管理根据预期目标，评价绩效结果，提出改善方案，侧重日常绩效的提高；而绩效考评则只比较预期的目标，注重进行绩效结果的评价。

绩效管理充分考虑员工的个人发展需要，为员工能力开发及教育培训提供各种指导，注重个人素质能力的全面提升；而绩效考评只注重员工的考评成绩。

绩效管理能建立绩效管理人员与员工之间的绩效合作伙伴关系；而绩效考评则使绩效管理人员与员工站到了对立的两面，距离越来越远，制造紧张的气氛和关系。

五、绩效管理的作用

绩效管理是组织实现其战略目标的有效工具之一，也是人力资源管理其他职能的基本依据和基础。有效的绩效管理可以给我们的日常管理工作带来巨大的好处。绩效管理的作用主要表现在以下几个方面。

（一）绩效管理对管理人员的作用

就各级管理人员而言，他们面临许多管理问题。例如，通常因为事务的冗繁和时间管理的不善而烦恼；员工对自己的工作缺乏了解，工作缺乏主动性；员工对应该做什么和应该对什么负责有异议；员工给主管提供的重要信息太少；发现问题太晚以致无法阻止其扩大；员工犯相同的错误等。尽管绩效管理不能直接解决所有的问题，但它为处理好其中大部分管理问题提供了一个工具。只有管理者投入一定的时间，并和员工形成良好的合作关系，绩效管理才可以为管理者的工作带来极大的便利。

上级主管不必介入所有的具体事务。通过赋予员工必要的知识来帮助他们合理进行自我决策。员工可以知道上级希望他们做什么，自己可以做什么，必须把工作做到什么程度，何时向何人寻求帮助等，从而为管理者节省时间。减少员工之间因职责不明而产生的误解。减少持续出现上级主管需要信息时没有信息的局面。通过帮助员工找到错误和低效率的原因来减少错误和偏差。

（二）绩效管理对员工的作用

员工在工作中会产生诸多烦恼：不了解自己的工作做得好还是不好，不知道自己有什么权力，工作完成很好时没有得到认可，没有机会学习新技能，自己不能做决策，缺乏完成工作所需要的资源等。

绩效管理要求有效开展绩效沟通和指导，能使员工得到有关他们工作业绩和工作现状的反馈。而且由于绩效管理能帮助员工了解自己的权力大小，即进行日常决策的能力，从而大大提高了工作效率。

（三）绩效管理对企业的作用

一项调查显示，员工感觉企业需要改进的方面主要集中在：奖惩没有客观依据，晋升有失公平；缺乏足够有效的专业培训和指导；重负面批评和惩罚，轻正面鼓励和奖励；日常工作中缺乏上下级之间的有效授权等。

绩效管理提出员工参与制定绩效计划，强化了员工对绩效目标的认同度，在日常工作中通过绩效实施提供有效的工作指导，找出工作的优点和差距，有效制定绩效改进计划和措施，有利于企业业绩的改善和企业目标的实现。同时，绩效管理流程中基于企业战略目标的绩效计划制定、围绕核心能力的员工能力发现和评价等措施有助于企业核心竞争力的构建，有利于企业的持续发展。

六、影响绩效管理的因素

一个组织在整个绩效管理的过程中，要达到组织的预期目的，实现组织的最终目标，通常受到多种因素的影响，作为一个管理者只有充分认识到各种影响因素给组织绩效所带来的影响及程度，才能够做好绩效管理工作。一般来讲，影响组织绩效管理有效性的因素有以下几点。

（一）观念

管理者对绩效管理的认识是影响绩效管理效果的重要因素。如果管理者能够深刻理解绩效管理的最终目的，更具前瞻性地看待问题，并在绩效管理的过程中有效地运用最新的绩效管理理念，便可以很好地推动绩效管理的有效实施。

（二）高层领导支持的程度

绩效管理作为人力资源管理的重要组成部分，是实现组织整体战略管理的一个重要手段。要想有效地进行绩效管理，必须得到高层领导的支持。高层领导对待绩效管理的态度决定了绩效管理的效果。如果一个组织的领导能大力支持绩效管理工作，并给予绩效管理工作人员必要的物质和精神支持，就会使绩效管理水平得到有效的提升；反之，一个组织的绩效管理水平和效果将是十分低下的。

（三）人力资源管理部门的尽职程度

人力资源部门在绩效管理的过程中扮演着组织协调者和推动者的角色。绩效管理是人力资源管理工作中的重要组成部分，如果人力资源管理部能够对绩效管理大力投入，加强对绩效管理的宣传，组织必要的绩效管理培训，完善绩效管理的流程，就可以为绩效管理的有效实施提供有力保证。

（四）各层员工对绩效管理的态度

员工对绩效管理的态度直接影响着绩效管理的实施效果。如果员工认识到绩效管理的最终目的能使他们改进绩效而不是单纯的奖罚，绩效管理就能更好地发挥功效。反之，如果员工认为绩效管理仅仅是填写各种表格应付上级或对绩效管理存在着严重的抵触情绪，那么绩效管理就很难落到实处。

（五）绩效管理与组织战略的相关性

个人绩效、部门绩效应当与组织的战略目标相一致。只有个人绩效和部门绩效都得到实现的同时，组织战略才能够得到有效的执行。这就要求组织管理者在制定各个部门的目标时，不仅考虑到部门的利益，也要考虑到组织的整体利益，只有做到个人、部门和组织整体的目标相一致，才能确保组织的绩效管理卓有成效。

（六）绩效目标的设定

一个好的绩效目标要满足具体、可衡量、可实现及与工作相关等要求。只有这样，组织目标和部门目标才能得到有效的执行，绩效考核的结果才能够公正、客观和具有说服力。

（七）绩效指标的设置

每个绩效指标对于组织和员工而言，都是战略和文化的引导，是工作的方向，因此清晰明确、重点突出的指标非常重要。好的绩效指标可以确保绩效考核重点突出，与组织战略目标精确匹配，便于绩效管理的实施。

（八）绩效管理系统的时效性

绩效管理系统不是一成不变的，它需要根据组织内部、外部的变化进行适当调整。当组织的战略目标、经营计划发生改变时，组织的绩效管理系统也要进行动态的变化，以保证其不会偏离组织战略发展的主航道，对员工造成错误的引导。

七、绩效管理与人力资源管理其他环节的关系

（一）绩效管理与工作分析

工作分析是绩效管理的重要基础。通过工作分析，确定了一个职位的工作职责及其他所提供的重要工作产出，据此制定对这个职位进行评估的关键绩效指标（KPI），按照这些关键绩效指标确定对该职位任职者进行评估的绩效标准。可以说，工作分析提供了绩效管理的一些基本依据。

1. 职位描述是最直接影响绩效的因素

员工的绩效是员工外显的行为表现，这种行为表现受很多因素影响。影响人的行为绩效的内在因素分成很多层次，处在最深层的是人的内在动力因素。

其次是价值观、哲学等观念和意识层面的因素。最后，组织的观念、哲学等决定了组织的政策，从而影响了组织的使命和目标。组织的使命和目标被分解成各个工作单元的目标，而各个工作单元的目标又决定了职位描述。处于最外层的职位描述是直接影响行为绩效的因素。因此，要想有效地进行绩效管理，必须首先有清晰的职位描述信息。职位特点决定了绩效评估所采用的方式。采用什么样的方式进行绩效评估是我们在进行绩效评估的准备工作时所需要解决的一个重要问题。绩效评估的方式主要包括由谁进行评估，多长时间评估一次，绩效评估的信息如何收集，采取什么样的方式进行评估等。对于不同类型的职位，采取的绩效评估方式也应该有所不同。

2. 职位描述是设定绩效指标的基础

对一个职位的任职者进行绩效管理应设定关键绩效指标，这通常是由他的关键职责决定的。虽然从目标管理的角度而言，一个被评估者的关键绩效指标是根据组织的战略目标逐渐分解而形成的，但个人的目标终究要依据职位的关键职责来确定，一定要与他的关键职责密切相关。

职责是一个职位比较稳定的核心，表现的是任职者所要从事的核心活动。目标经常随时间而变化，可能每年都不同，一个职位的工作职责则可能会几年稳定不变或变化很小。

对于那些较为稳定的基础性职位，如秘书、会计等，他们的工作可能并不由目标直接控制，而主要是依据工作职责来完成工作，对他们的绩效指标的设定就更需要依据工作的核心职责。

（二）绩效管理与薪酬体系

目前比较盛行的制定薪酬体系的原理是 3P 模型，即以职位价值决定薪酬（Pay for Position）、以绩效决定薪酬（Pay for Performance）和以任职者胜任力决定薪酬（Pay for Person）的有机结合。因此，绩效是决定薪酬的一个重要因素。

在不同的组织及不同的薪酬体系中，对不同性质的职位，绩效所决定的薪酬成分和比例有所区别。通常来说，职位价值决定了薪酬中比较稳定的部分，绩效则决定了薪酬中变化的部分，如绩效工资、奖金等。

（三）绩效管理与培训开发

由于绩效管理的主要目的是了解目前员工绩效状况中的优势与不足，进而改进和提高绩效，因此，培训开发是在绩效评估之后的重要工作。在绩效评估之后，主管人员通常需要根据被评估者的绩效现状，结合被评估者个人的发展愿望，与被评估者共同制定绩效改进计划和未来发展计划。人力资源部门则根据目前绩效中待改进的方面，设计整体的培训开发计划，并帮助主管和员工共同实施培训开发。

综合以上几点可以看出，员工绩效管理与人力资源管理的几大职能都有着密切的关系，通过发挥员工绩效管理的纽带作用，人力资源管理的各大职能就能有机地互相联系起来，形成一种互动的关系。所以说，员工绩效管理是人力资源管理的核心内容，在人力资源管理中占据了核心地位。

第二节　绩效考评方法

目前国内外绩效考评方法数不胜数，但是适合中国国情与文化、操作性强的有效方法不多，以下将逐一介绍。无论哪一种绩效考评方法均各有优缺点，应该根据实际情况进行选择。要强调的是，绩效考评的方法在整个绩效考评系统中只是一个基本条件，而有关各方在绩效考评过程中的相互信任，管理人员和员工的态度，评价的目的、频率，评价的信息来源及评价人员的训练等各种因素对于绩效考评体系的成败都是非常关键的。员工绩效考评通常包括主观评价体系和客观评价体系两种类型。

一、绩效考评的主观方法

绩效考评的主观方法，是将员工之间的工作情况进行相互比较，得出对每个员工的相对优劣的评价结果。主要方法有：业绩评定表法、评级量表法、行为观察评价法、报告法、情境模拟法、民意测验法。

（一）业绩评定法

业绩评定法是一种广泛采用的考评方法，它根据所限定的因素来对员工进行考评。这种方法是在一个等级上对业绩的判断进行记录。这个等级被分成几类——它通常采用诸如优秀、良好、一般、较差、不及格等形容词来定义。当给出了全部等级时，这种方法通常可以用于一种以上的业绩评定标准。评价所选择的因素有两种典型类型：与工作有关的因素和与个人特征相关的因素。与工作有关的因素是工作质量和工作数量；而个人特征因素有诸如依赖性、积极性、适应能力和合作精神等。评价者通过指明最能描述出员工及其业绩的每种因素的比重来完成这项工作。业绩评定法的优点：简单、迅速、主要因素明显。每评定一项仅考虑一个因素，不允许因某个因素给出的评价而影响其他因素的决定。业绩评定法的缺点：一是对过去业绩和将来潜力同时做出评价方面有些欠缺；二是缺乏客观性，通常使用的因素如态度、忠诚和品格等都是难以衡量的，另外，这些因素可能与员工的工作业绩没有直接关系。

为了得到更为准确的评价，不应停留在一般性的工作绩效因素（如"数量"和"质量"）的评价上，可以将其作为评价标准的工作绩效进行进一步的分解。

（二）评级量表法

评级量表法是被采用得最普遍的一种考评方法，这种方法主要是借助事先设计的等级量表来对员工进行考评。使用评级量表进行绩效考评的具体做法是：

根据考评的目的和需要设计的等级量，列出有关的绩效考评项目，并说明每一项目的具体含义，然后将每一考评项目分成若干等级并给出每个等级相应的分数，由考评者对员工每一考评项目的表现做出评价和计分，最后计算出总分。

（三）行为观察评价法

行为观察评价法在工作绩效评价的角度方面能够提供更加明确的标准。在使用这种评价方法时，需要首先确定衡量业绩水平的角度，如工作的质量人际沟通技能、工作的可靠性等。每个角度都细分为若干个具体的标准，并设计一个评价表。评价者将员工的工作行为同评价标准进行比照，每个衡量角度的所有具体科目的得分构成员工在这一方面的得分。将员工在所有评价方面的得分累加，就可以得到员工的评价总分。它根据行为观察评价方法为项目工程师工作可靠性设计的评价细目及分数标准。按照这种评价方法，如果一位项目工程师在 5 个评价项目上都被评价为"几乎总是"，那么他就可以得到 25 分，从而在工作可靠性上得到"很好"的评价。

这种行为观察评价法的主要优点是设计和实施时所花费的时间和金钱都比较少，而主要缺点是不同的评价者经常在对"几乎没有"和"几乎总是"的理解上有差异，结果导致业绩考评的稳定性下降。

（四）报告法

报告法是以书面形式对自己的工作所做的总结。这种方法适用于较高级管理人员的自我考评，并且考评的人数不多。自我考评是自己对自己某段工作的总结，让被考评者主动地对自己的表现加以考评、反省，为自己做出评价。要求是：可以让被考评者写一份工作报告，对照岗位要求，回顾工作及列出将来的打算等。

（五）情境模拟法

情境模拟法是美国心理学家茨霍恩等人的研究成果。情境模拟法将被考核人员置于一种模拟的工作情境之中，运用仿真的评价技术，对其处理现实问题的能力、应变能力、规划能力、决策能力作模拟现场观察考评，从而确定被考评者适宜的工作岗位和具体工作。其优点是，使考评者如身临其境，便于直接观察，准确度较高，但要花相当多的人力、物力。目前有许多国家采用的情境模拟法只是一种"想象模拟"，即"假如您在某个岗位"等。

（六）民意测验法

该法把考评的内容分为若干项，制成考评表，每一项后面空出五格：优、良、中、及格、差，然后将考评表发至相当范围。考评前，也可先请被考评者汇报工作，做出自我评价，然后由参加评议的人填好考评表，最后算出每个被考评者得分平均数，借以确定被考评者工作的档次。民意测验的参加范围，一般是被考评者的同事和直属下级以及与其发生工作联系的其他人员。

此法的优点是群众性和民主性较好，缺点是主要自下而上地考察管理人员，缺乏自上而下的考察，由于群众素质的局限，会在掌握考评标准上带来偏差或不科学因素。一般将此法用作辅助的、参考的手段。

二、绩效考评的客观方法

根据客观标准对员工的工作绩效进行评价的方法包括行为关键事件法、工作成果评价法、关联矩阵法。其中的大多数方法在实质上都是对员工的行为按照评价的标准给出一个量化的分数或程度判断，然后再对员工在各个方面的得分进行加总，得到一个员工业绩的综合评价结果。

（一）关键事件法

在运用关键事件法的时候，主管人员将每一位下属在工作活动中所表现出来的非同寻常的好行为或非同寻常的不良行为（或事故）记录下来。然后在每六个月左右的时间里，主管人员和其他下属人员见一次面，根据所记录的特殊事件来讨论后者的工作绩效。这种工作绩效评价方法通常可作为其他绩效评价方法的一种很好补充，因为它有着许多优点：对关键事件的行为观察客观、准确。能够为更深层次的能力判断提供客观的依据。对未来行为具有一种预测的效果。

关键事件法的缺点：耗时费力；对关键事件的定义不明确，不同的人有不同的理解；容易引起员工与管理者之间的摩擦。

如果要应用关键事件法对被考核者进行绩效考评的话，那么在确定绩效目标和计划的时候，就要将关键事件同绩效目标和计划结合起来。

关键事件法通常可作为其他绩效考评方法一种很好的补充。它在认定员工特殊的良好表现和劣等表现方面是十分有效的，而且对于制定改善不良绩效的计划十分方便。但就其本身来说，在对员工进行比较或在做出与之相关的薪酬、晋升或者培训的决定时，可能不会有太明显的用处。

（二）工作成果评价法

工作成果评价法所依据的是著名的目标管理过程，因此也被称为目标管理评价法。实施这种评价方法的过程非常类似于主管人员与员工签订一个合同，双方规定在某一个具体的时间达到某一个特定的目标。员工的绩效水平就根据当时这一目标的实现程度来评定。

实施工作成果评价法的关键是目标制定，即分别为组织、组织内的各个部门、各个部门的主管人员及每一位员工制定具体的工作目标。目标管理方法不是用来衡量员工的工作行为，而是用来衡量每位员工为组织的成功所做的贡献大小。因此，这一目标必须是可以衡量和可以观测的。目标管理中的目标制定要符合所谓的 SMART 原则。第一，S（Specific results），即规定一个具体的目标。第二，M（Measurable），即目标可以用数量、质量和影响等标准来衡量。第三，A（Accepted），即设定的目标应该被管理人员和员工双方接受。这意味着目标水平不能过高，应该让员工能够接受；同时，目标水平也不能过低，应该让管理人员也能够接受。换言之，对于员工而言，这一目标应该具有挑战性，同时又是经过努力能够达到的。第四，R（Relevant），即设定的目标应该是与工作单位的需要和员工前程的发展相关的。第五，T（Time），即目标中包含一个合理的时间约束，预计届时可以出现相应的结果。

在目标管理过程中，应该经常进行进度检查，直至达到目标。在达到阶段性目标后，已经完成既定任务的员工汇集在一起对工作成果进行评价，同时为下一阶段的工作制定目标。目标管理是一整套计划和控制系统，同时也是一套完整的管理哲学系统。在理论上，只有每位员工成功，才可能有主管人员的成功、各个部门的成功和整个组织的成功，因此目标管理方法鼓励每一位员工的成功。但是目标管理的前提是个人、部门和组织的目标要协调一致。经验研究表明，这一方法有助于提高工作效率，而且还能够使公司的管理部门根据迅速变化的竞争环境对员工进行及时引导。

但是目标管理评价法也有一些缺点。第一，这种评价法没有为管理人员提供在员工之间进行相互比较的依据。第二，目标设定本身是一个非常困难的问题。如果员工在本期完成了设定的目标，那么管理人员就倾向于在下一期提高目标水平。如果员工在本期没有完成目标，那么管理人员在下一期就倾向于将目标设定在原来的目标水平上，从而产生所谓的"棘轮效应"。第三，当市场环境在目标设定后发生意外的变动，将影响到员工目标的完成情况。如果出现的是有利变化，受益者是员工；如果出现的是不利变化，受益者是企业。

此外，还有一种与目标管理方法类似的工作计划与检查方法。这种评价方法特别强调主管人员及其下属对工作计划的实施情况进行检查，以确定计划的完成程度、找出存在的问题、明确训练的需要。在使用工作计划与检查方法时，了解工作目标是否已经达到，要依靠主管人员的个人判断，而在目标管理中则依靠更为客观可以度量的证据。但是，在实际操作中，这两种方法很难严格区分。从理论上讲，目标管理办法更强调结果，而工作计划与检查方法更强调过程。

第三节　关键业绩指标体系的建立和选择

一、关键业绩指标

关键业绩指标（Key Performance Indicator，KPI）是基于企业经营管理绩效的系统考评体系，是用于考核和管理被考核者的可量化的或可行为化的标准体系。关键绩效指标体系体现对组织战略目标有增值作用的绩效指标。通过在关键绩效指标上达成的承诺，员工与管理人员就可以进行工作期望、工作表现和未来发展等方面的沟通。

（一）建立关键指标体系的原则

体现企业的发展战略与成功的关键要点：强调市场标准与最终成果责任，对于使用关键指标体系的人而言应该有意义，并且可以对其进行测量与控制；在责任明确的基础上，强调各部门的连带责任，促进各部门的协调，不迁就部门的可控性和权限；主线明确，重点突出，简洁实用。

（二）关键绩效指标体系的构成

一般而言，公司关键绩效指标由以下几个层级构成：①公司级关键绩效指标：是由公司战略目标演化而来的。②部门级关键绩效指标：是根据公司级关键绩效指标和部门职责来确定的；由部门关键绩效指标落实到具体岗位（或子部门）的业绩衡量指标。

（三）建立战略导向的企业 KPI 体系的意义

KPI 是衡量企业战略实施效果的关键指标，其目的是建立一种机制，将企业战略转化为内部过程或活动，以不断增强企业的核心竞争力并持续取得高效益。它使考评体系不仅成为激励约束手段，更成为战略实施工具。

企业在经营过程中，随着市场环境和企业内部状况的变化，经营者、管理者在不同时期会设定不同的战略目标，管理者在不同时期的关注重点也会有所区别，这种变化必须通过绩效指标的变化和调整来引导员工将注意力集中于企业当前的经营重点。将企业在不同时期关注的 KPI 体系称为战略导向 KPI 体系，企业不同时期所有 KPI 体系的集合称为 KPI 库。企业必须建立动态开放的 KPI 库，通过不断地完善和积累，形成企业的资源库，根据战略的调整从指标库直接选取合适的 KPI 进行考核和评价。

建立战略导向的企业 KPI 体系的意义，在于使 KPI 体系不仅成为企业员工行为的约束机制，同时发挥战略导向的牵引作用。通过员工的个人行为目标与企业战略相契合，使 KPI 体系有效地阐释与传播企业战略，成为企业战略实施的工具。

这是对传统绩效考核理念（以控制为核心）的创新。战略导向的 KPI 体系在评价、监督员工行为的同时，强调战略在绩效考评过程中的核心作用。

二、建立 KPI 体系

（一）建立 KPI 体系的前提

要建立企业的 KPI 体系，首先必须明确所建立的 KPI 体系的导向是什么，也就是必须先回答下列问题：企业的战略是什么？成功的关键因素是什么？什么是关键绩效？怎样处理好绩效考评的基本矛盾？如何协调扩张与控制收益增长与潜力增长、突出重点与均衡发展、定量考核与定性评价之间的关系？是考评结果还是考评过程？应建立一种什么样的运营机制？

回答了上述问题以后，就要开始 KPI 的分解，建立 KPI 体系一般有两条主线：按组织结构分解为目标—手段方法；按主要流程分解为目标—责任方法，如图 2-1 所示。

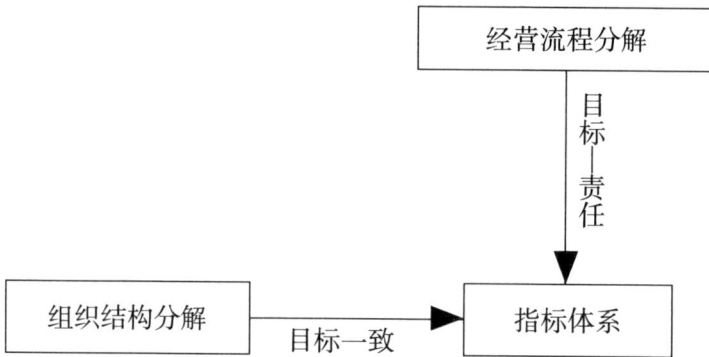

图 2-1　建立 KPI 体系的主线

基于建立 KPI 体系的两条主线，通常采用三种方式来建立企业 KPI 体系。

（二）建立 KPI 体系的方式

1. 依据部门承担责任的不同建立 KPI 体系（见表 2-1）

表 2-1 依据部门承担责任的不同建立 KPI 体系实例

部门	指标侧重	指标名称
市场部	市场份额指标	销售增长率、市场占有率、品牌认知度、销售目标完成率、市场竞争比率
	客户服务指标	投诉处理及时率、客户回访率、客户档案完整率、客户流失率
	经营安全指标	贷款回收率、成品周转率、销售费用投入产出比
生产部	成本指标	生产效率、原料损耗率、设备利用率、设备生产率
	质量指标	成品一次合格率
	经营安全指标	原料周转率、备品周转率、在制品周转率
技术部	成本指标	设计损失率
	质量指标	设计错误再发生率、项目及时完成率、第一次设计完成到产前修改次数
	竞争指标	在竞争对手前推出新产品的数量和销量
采购部	成本指标	采购价格指数、原材料库存周转率
	质量指标	采购达成率、供应商交货一次合格率
人力资源部	经营安全指标	员工自然流动率、人员需求达成率、培训计划完成率、培训覆盖率

2. 依据职类职种工作性质的不同建立 KPI 体系（见表 2-2）

表 2-2 依据职类职种工作性质的不同建立 KPI 体系实例

职类	职种	职种定义	指标名称
管理服务类	财经	负责资产的计划、管理、使用与评估工作，对企业财经系统的安全运营与效益承担责任	预算费用控制、支出审核、失误率、资金调度达成率
	人力资源开发	依据战略要求，保障人才供给，优化人才结构，提高员工整体素质，对人力资源管理与开发系统的有效运营承担责任	员工自然流动率、人员需求达成率、培训计划达成率、核心人才流失率

职类	职种	职种定义	指标名称
市场类	营销支持	及时有效地为营销活动提供支持与服务,对企业的产品与服务品牌的认知度、忠诚度、美誉度承担责任	市场占有率、品牌认知度、投诉处理率、客户档案完整率
	营销	从事产品市场拓展与商务处理工作,及时满足客户需求,对企业产品的市场占有率与覆盖面承担责任	销售目标达成率、销售增长率、销售费用投入产出比、货款回收及时完成率
	采购	保障原、辅料的有效供应,对原、辅料的质量及供应的及时有效承担责任	采购任务达成率、采购价格指数、供应商一次交货合格率
技术类	工艺技术	从事原料仓储、生产工艺的技术支持工作,保障生产工艺准确实施,预防保养生产线,对生产环节的高效运行承担责任	设计及时完成率、技术服务满意度、生产设备技术故障停工时数
	研发	从事产品及相关技术等的研发与创新工作,对确定产品及技术在行业中的优势地位承担责任	设计损失率、第一次设计完成到投产修改次数、单项目及时完成率

3. 依据平衡计分卡建立 KPI 体系

平衡计分卡的核心思想是通过财务、客户、内部经营过程、学习与成长四个方面指标之间相互驱动的因果关系实现绩效考评——绩效改进及战略实施到战略修正的目标,如表 2-3 所示。一方面通过财务指标保持对组织短期业绩的关注;另一方面通过员工学习、信息技术的运用与产品、服务的创新提高客户的满意度,共同驱动组织未来的财务绩效,展示组织的战略轨迹。

与传统的绩效评价方法相比,平衡计分卡不仅突破了传统绩效评价方法的局限性,也超越了单纯的绩效评价功能。它通过将财务、顾客、内部经营过程和学习与成长这四类指标有机地整合在一起,把传统意义上的业绩评价与企业的竞争能力、绩效管理和长远发展紧密联系起来,这一切均源自其科学的"平衡性"和"战略性"。

表 2-3 依据平衡计分卡建立 KPI 体系实例

指标类别	指标侧重	指标名称
财务指标	财务效益状况	净资产收益率、总资产报酬率、销售营业利润率、成本费用利润率、资本保值增值率
	资产运营情况	总资产周转率、流动资产周转率、存货周转率、应收账款周转率
	偿债能力状况	资产负债率、流动比率、速动比率、总资产增长率、固定资产成新率、三年利润平均增长率、三年资本平均增长率
	发展能力状况	销售营业增长率、资本积累率、长期资产适合率
客户指标	价格状况	价格波动率
	服务状况	促销效益比率、客户满意度、客户档案完整率
	品牌状况	产品上架率、动销率、投诉处理及时率、货款回笼率、销售收入完成率、信息反馈及流向、相对市场占有率
内部运营指标	质量状况	原辅料采购计划完成率、原料质量一次达标率、正品率、工艺达标率
	成本状况	采购价格综合指数、原辅料耗损率、单位成品原辅料成本
	效率状况	配送及时率、设备有效作业率、产品供货周期、生产能力利用率
学习与发展指标	学习指标	培训覆盖率、核心人才流失率、人才适配度
	发展指标	技术与产品储备度、产品创新程度

（1）平衡计分卡的"平衡性"

平衡计分卡作为一个学习的系统，一个传播企业使命与战略的系统，一个告知雇员什么是促使企业成功的业绩驱动因素的系统，之所以冠以"平衡记分"是相对于以往传统的业绩评价方法导致的以偏概全、以局部代整体的情况而言的。它综合了企业的各个方面，从整体上对企业进行评价，既有整体思想，又有局部概念。它在以下四个方面起到了传统业绩评价方法所不能起到的平衡作用。

第一，在评价的范围上，实现了外部衡量和内部衡量的平衡。传统业绩评价方法通常只注重企业内部，而平衡计分卡将评价视野扩展到企业的外部利益相关者，关注如何吸引股东、如何让股东满意和如何赢得顾客等问题。同时，平衡计分卡还将内部流程与雇员的学习成长这些企业的无形资产作为评价企业成功的因素，作为将知识转化为发展动力的一个必要渠道，从而实现企业内外部的平衡。

第二，在评价的时期上，实现了短期衡量和长期衡量的平衡。传统的业绩评价系统偏重于对过去活动结果的财务衡量，并针对这些结果做出某些战术性反馈，控制短期经营活动，以维持短期的财务成果。这导致公司急功近利，在短期业绩方面投资过多，在长期的价值创造方面，特别是有助于企业成长的无形资产方面投资过少，甚至削减了这方面的投资，从而抑制了企业创造未来价值的能力。而平衡计分卡的四个计量方面则克服了这一弱点。通过设计出一套监督企业在未来目标实施过程中的位置和方向的指标，使企业了解自己在未来发展的全方位的情况。

第三，在评价的层次上，实现了成果衡量和动因衡量的平衡。企业应当清楚其所追求的成果（如利润、市场占有率）和产生这些成果的原因（如新产品开发投资、员工训练、信息更新）。只有正确地找到这些动因，企业才可能有效地获得所需的成果。平衡计分卡正是按照因果关系构建的，同时结合了指标间的相关性，提供了把战略转化成可操作内容的一个框架。根据因果关系，对企业的战略目标进行划分，制定出实现企业战略目标的几个子目标，这些目标是各个部门的目标。同样，各中级目标或者评价指标可以根据因果关系继续细分，直至最终形成可以指导个人行动的绩效指标和目标。

第四，在评价的性质上，实现了定量衡量和定性衡量的平衡。传统业绩评价系统主要应用定量指标（如利润、员工流动率、顾客抱怨次数），是因为定量指标比较准确，而且便于在各企业间比较，具有一定的客观性。但定量数据多为基于过去的事件而产生，与它直接相联系的是过去，因此，定量数据的分析需要以"趋势可预测"为前提。但目前企业所面临的未来越来越具有不确定性，导致基于过去对未来所做的预测其实际意义趋于递减。定性指标虽然具有较大的主观性及不确定性，有时还不容易获得，但因其具有较高的相关性、可靠性，且可对数据进行趋势预测，因而平衡计分卡将其引入来弥补定量指标的缺陷，使业绩评价系统更具现实价值。

（2）平衡计分卡的"战略性"

传统的评价系统，包括作业和管理控制系统都是由成本和财务模式驱动，是围绕财务评价和财务控制目标建立起来的，与企业实现其长期战略目标的关系并不太大。由于它过分强调短期财务评价，从而在战略的设计和实施之间留下缺口，造成战略制定和战略实施的脱节。一些调查表明，对于用来制定和评价战略的信息，大部分被认为是拙劣或平庸的，数据的大部分内容不能突出关键问题，提供给高层管理人员的业务视野很狭窄，使主管人员过于专注具体的经营活动，而忽视企业的战略和发展方向。结果使得公司在竞争中行动迟缓、举步艰难而难以取胜。如果说这种缺口和脱节在工业化时代还算不上致命的话，信息时代则不能容忍这种缺陷的存在和继续。20世纪80年代以来，激烈的国际竞争和全球化的经营战略使得越来越多的企业管理者认识到，必须重组与战略实施密切相关的决策过程、组织结构、绩效评价和激励政策，并努力获取现在及未来与企业战略目标息息相关的信息。

平衡计分卡成功地揭示并解决了传统经营绩效评价系统的严重缺陷，它能够紧紧围绕企业的战略目标，并将企业的长期战略和短期行动联系起来。它通过把企业的战略、任务和决策转化为具体、全面、可操作的目标和指标，从而形成集评价与激励、传播与沟通、团结与学习于一体的多功能战略性绩效管理系统。凯博（Kaplan）和沃顿（Worton）在许多企业的大量实践，证明了战略性是平衡计分卡成功和优势的又一核心所在。可以说"战略性"进一步提升了平衡计分卡的价值。

平衡计分卡的战略性具体体现在目标远景战略化、战略目标具体化、战略实施团队化及增强具有战略意义的反馈和学习等四个方面。

第一，目标远景战略化。平衡计分卡立足于企业的战略来制定可实现的目标。在当今的竞争环境中，诸如质量、市场占有率、供货及时、创新能力、顾客满意度、高质量的员工队伍、生命周期等要素已被视为影响企业竞争力的重要战略要素。平衡计分卡的四类目标及具体评价指标体系中也吸纳了上述重要的战略性要素。

第二，战略目标具体化。平衡计分卡能够将企业的战略目标转化为详细的、可操作的具体目标和行动。例如，为了确定财务目标，企业必须考虑究竟是注重收入市场扩张和盈利能力，还是注重现金流量的生成。从顾客角度来说，必须明确在哪些顾客群体和市场细分中竞争。如果战略目标为"作为最受顾客欢迎的供应商"，则应向顾客提供出色的服务，那么什么是出色的服务和谁是选定的顾客，就要予以明确。有时，平衡计分卡还要将企业的战略规划与年度预算编制过程相结合，从数量上予以估计和反映。

第三，战略实施团队化。平衡计分卡实施的效果和水平，不能仅仅依靠几个决策人员，而必须调动全体员工的生产和管理积极性。要保证全员参与，则要注重对战略目标的评价方法在各个层次上的传播与沟通，使上至总经理下至每一位员工，都十分明确企业的战略 BSC 和自己的日常工作这三者之间的密切关系，清楚自己在企业战略中的作用与贡献，从而保证战略理解和战略实施的一致性和彻底性，进而有效地实现企业当前及长远的经营目标。

第四，增强战略反馈和学习。面对信息时代的快速变化及存在高度不确定性的特征，凯博（Kaplan）和诺顿斯（Nortors）积极倡导增强 BSC 实施过程中的战略反馈和学习。它不仅要求企业能获得正在实施的战略是否在被严格贯彻执行的反馈结果，而且要求获得已计划好的战略是否是可行的成功的战略这一信息的反馈。前者仅仅是单循环的反馈与学习过程，而后者则是结合了既定计划所依据的假设条件及客观环境发生变化所进行的反馈与学习。这一动态、双循环的反馈与学习系统进一步提高了平衡计分卡的战略性，使企业在不断变化的新环境下能及时追踪和把握新机遇，及时摆脱和回避新威胁和风险，不断提高企业在激烈竞争环境下的适应能力和竞争能力。

基于平衡计分卡绩效管理的操作程序是根据凯博（Kaplan）和诺顿斯（Nortors）在 1996 年明确提出作为公司战略管理的基石 BSC 的四步实施程序：阐述愿景、沟通联系、业务规划和反馈与学习，再结合绩效管理系统的一般操作程序进行一些修订和调整，可提出实施基于平衡计分卡的绩效管理系统。

第一步，阐述愿景和明确公司战略：首先要分析公司的业务状况（生命周期、SWOT 和目标市场的价值），对公司所处状况进行定位；基于分析结果建立公司愿景与战略；将基于平衡计分卡的绩效管理系统与整个企业的战略规划联系起来，使全体员工就组织使命和战略目标达成共识。

第二步，绩效目标设定（制定公司、部门和员工个人平衡计分卡）：将公司的愿景规划和战略使命落实到 BSC 的四个维度之中，传达战略至整个组织，并将公司的战略目标按照组织——部门（团队）——个人上下贯通，层层分解为具体可操作的指标、目标值、行动方案和任务，建立组织、部门和团队或个人的平衡计分卡。

第三步，绩效指导与沟通：针对不同的员工应给予不同的绩效指导和及时有效的绩效沟通。在绩效指导和绩效沟通上可根据员工的不同情况来具体处理。这对于基于平衡计分卡的绩效管理系统在组织中的顺利实施是至关重要必不可少的环节。

第四步，绩效考核：一般以月度考核为主，辅之以更加注重战略问题的季度和年度考核，以综合评分的形式，定期考核各责任单位在财务、客户、内部流程和创新学习等四个方面的目标执行情况。

第五步，绩效改进：根据已经建立的自上而下的公司平衡计分卡，各经营单位的平衡计分卡和团队或个人平衡计分卡进行自下而上的检查核对和调整，重新定义愿景，取消非战略性的事项，提出变革方案。在绩效考核结果运用中，其结果记录的相关资料可提供给人力资源部门和开发部门作为员工学习与培训、加薪和晋升的参考。

基于平衡记分法绩效管理的运用实施流程实际上是绩效管理的一个不断调整和改进的绩效循环过程，它实际上已经包含了传统绩效管理系统实施中的绩效计划、绩效目标设定、考核、指导沟通和反馈改进等环节。

第四节　考核面谈、反馈与改进

绩效考评工作进行完毕之后，并不意味着绩效管理工作就万事大吉了。作为一个部门的主管，要及时地把绩效考评的结果向员工反馈，让每一个员工明确自身的优点并继续保持，同时，让每一个员工明确自身的缺点并加以更正，这就需要主管人员帮助员工完成这一任务，其具体工作就是通过绩效反馈和面谈来实现。

一、考核面谈、反馈与改进的理论基础

（一）绩效反馈的含义

所谓绩效反馈就是使员工了解自身绩效水平的各种绩效管理手段。绩效反馈是绩效沟通最主要的形式。同时，绩效反馈最重要的实现手段就是管理者与员工之间的有效沟通。

（二）考核面谈、反馈与改进的理论基础反馈干涉理论

绩效考核面谈的主要目的，一方面是要让员工了解自己的考核结果背后的

原因，以此来增加共识、减少误解和猜疑；另一方面，更重要的是要改善员工的绩效及为员工的发展提供建议。绩效考核面谈的有效性是基于反馈干涉理论的。反馈干涉理论认为，在满足以下五个基本假定的条件下，绩效考核面谈能够有效地提高员工的绩效。

员工的行为调整取决于反馈结果与一个目标或标准的比较。目标或标准是分层次的。员工的注意力是有限的，所以只有那些反馈与标准的差距才会引起他们的注意，并调整其行为。注意力通常被导向层级的趋中层次。

反馈干涉改变了注意力的所在，从而影响行为。上述理论中谈到的"层次"概念，对于理解员工工作中的行为及其对考核结果的反映，很有帮助。这里所说的层次，是一个认知心理学的概念，它反映了人们对于工作中个人努力目标及绩效改进措施中的努力方向。对于这样的层次的具体内容，有很多学者有不同的看法。我们采用一种比较简单的三个层次的观点来分析对绩效考核面谈的启示。

第一个层次是总体任务过程的层次或称自我层次。在这个层次上，员工关心的问题是："我做的工作，怎样能够为组织发展做出贡献？""我在组织中的位置是什么？""我对自己的要求是否合适？"等。

第二个层次是任务动机层次或任务层次。它使员工关心其所执行的工作任务本身。员工考虑的将是："这项任务到底该怎么做？""我在这项任务中的表现如何？""能不能有更好的办法来做这件事？"

第三个层次是最低的层次，也是任务学习层次。它关注工作执行过程中的细节和员工的具体行动。比如，一个关注任务学习层次的秘书被上级告知她在接电话方面的态度需要改进时，她会追问："我哪句话说得不合适？""你说我该怎么说话？""我说话就是这个语气怎么办？"

一般地说，对于关注高层次的员工，绩效考核面谈应鼓励他们将工作做得更好，帮他们分析自己的定位和未来发展，而具体提高绩效的手段可以留给他们自己来解决。而对于关注低层次的员工，上级人员只有手把手地教给他们如何去做，才是提高绩效的办法。这时，上级与下属一起学习公司的规定、规范，仔细分析产生绩效考核结果的工作因素，是有帮助的。当然，设法帮助他们提高自己关注的层次，也是绩效反馈面谈的一个重要目标。

研究人员对人们在绩效考核面谈中该如何关注员工的不同层次问题上提出了一些建议，如仅集中在任务和工作绩效上，不要集中在个人或个人自我概念的任何部分；不要威吓或惊吓听众；包含如何改进的信息；在反馈同时，提出一个正式的目标设定计划；尽可能多地提供与绩效改进相关的信息，减少与他人绩效相关的信息。

（三）绩效反馈与面谈的目的

主管对员工的绩效情况进行评估后，必须与员工进行面谈沟通。这个环节是非常重要的。绩效管理的核心目的是不断提升员工和组织的绩效水平，提高员工的技能水平。这一目的能否实现，最后阶段的绩效反馈和面谈起了很大的作用。通过绩效反馈面谈可以达到以下几个方面的目的。

1. 对绩效评估的结果达成共识

绩效评估通常包含许多主观判断的成分，即使是客观的评估指标也存在对于采集客观数据的手段是否认同的问题。因此，对于同样的行为表现，评估者与被评估者由于立场和角色的不同，通常会给出不同的评估。因此，双方对于评估结果的认同必然需要一个过程。对评估结果达成共识有助于双方更好地对被评估者的绩效表现做出判断。

2. 让员工认识到本绩效期内自己取得的进步和存在的缺点

每个人都有被认可的需要，当员工做出成就时，他需要得到主管的承认或肯定，这会对员工起到积极的激励作用。同时，员工的绩效中可能存在一些不足之处，或者想要维持并进一步改善现有的绩效。通常来说，员工不仅关注自己的成绩和绩效结果，更希望有人指出自己需要改进的地方。通过评估反馈，主管和员工共同分析绩效不足的原因，找出双方有待改进的方面，从而促进员工更好地改进绩效。

3. 制定绩效改进计划

在管理者和员工就评估结果达成一致意见之后，双方应就面谈中提出的各种绩效问题制定一个详细的书面绩效改进计划。在绩效改进计划中，双方可以共同确定出需要解决的问题、解决的途径和步骤以及员工需要管理者提供的帮助等。

4. 协商下一绩效管理周期的绩效目标和绩效标准

绩效管理是一个往复不断的循环过程，一个绩效周期的结束恰好是下一个周期的开始。因此，上一个绩效管理周期的绩效反馈面谈可以与下一个绩效周期的绩效计划面谈合并在一起进行。

（四）绩效反馈与面谈的原则

当主管和员工关于反馈面谈的资料均准备完毕以后，主管和员工按照原计划在预定的时间和地点，遵循科学的原则，就可以有效地实施反馈和面谈。一般来讲，在绩效考核反馈与面谈时应遵循的原则有以下几条。

1. 建立并维护彼此之间的信任

信赖可以理解为一种适合面谈的气氛。首先，面谈的地点非常重要，必须在一个使彼此都能感到轻松的场合。噪声一定要极小，没有第三者可以看到面谈的两人。要使员工感到自在，主管所说的话或是动作要使双方能顺利沟通，使员工无拘无束坦诚地表达意见。此时，来一杯咖啡或红茶有助于营造良好的气氛。

在面谈时一定要以称赞和鼓励的话语打开局面，这种称赞和鼓励可以营造一种轻松、热情、愉快及友好的氛围，使面谈在愉快的气氛中开始。

2. 清楚说明面谈的目的和作用

清楚地让员工明白此次面谈要做什么，可用较积极的字眼，例如："今天我们面谈的目的是希望大家能一起讨论一下你的工作成效，并希望彼此能有一致的看法，肯定你的优点，也找出哪些地方有待改进，紧接着我们要谈谈你的未来及将来如何合作达到目标。"明确面谈目的，可以消除被评估者心中的疑虑。

3. 鼓励员工多说话

在面谈的过程中，应当注意停下来听员工在说什么，因为你了解的情况不一定就是真实的。鼓励下属主动参与，有利于对一些问题快速达成共识，同时便于了解下属的思想动态。

4. 注意全身心地倾听

倾听时要以员工为中心，把所有的注意力都放在员工身上，因为倾听不单是对员工的尊重，也是营造氛围、建立信赖、把握问题的关键。

5. 避免对立和冲突

在面谈中，员工通常有一种自卫的本能阻挡他接受不愿听的信息，甚至容易为此与主管发生冲突，如果主管利用自己的领导权威强行解决冲突，很可能会付出相当大的代价。它可能破坏员工与管理者之间的信赖，导致以后的沟通难以做到开诚布公。

6. 集中于未来而非过去

绩效管理的核心在于未来绩效的提升，而不是像反光镜那样聚焦过去。双方只有关注未来，才能使得员工真心实意地拥护并切实参与到绩效管理当中来，绩效管理才是真正具有激励意义的管理。

7. 集中在绩效，而不是性格特征

在绩效反馈面谈中双方应该讨论和评估的是工作绩效，也就是工作中的一些事实表现，而不是讨论员工个人的性格，员工的性格特点不能作为评估绩效的依据。在谈到员工的主要优点和不足时，可以谈论员工的某些性格特征，但要注意这些性格特征必须是与工作绩效有关的。例如，一个员工性格特征中有不太喜欢与人沟通的特点，这个特点使他的工作绩效因此受到影响，由于不能很好地与人沟通，影响了必要工作信息的获得，也不能得到他人很好的配合，从而影响了绩效。这样关键性的影响绩效的性格特征还是应该指出来的。

8. 找出双方待改进的地方，制定具体的改进措施

沟通的目的主要在于未来如何改进和提高，改进包括下一阶段绩效目标的确定以及与员工订立发展目标。

9. 该结束时立刻结束

如果你认为面谈该结束时，不管进行到什么程度都不要迟疑。下面的情况有任何一种出现均要停止面谈：彼此信赖瓦解了，部属或主管急于前往某个地方，下班时间到了，面有倦容等。此时如果预定的目标没能在结束之前达到，也要等下一次再进行。

10. 以积极的方式结束面谈

要使部下离开时满怀积极的意念，不要使员工只看到消极的面，而怀着不满的情绪离去。

二、绩效考核面谈的准备

在准备工作绩效考核交谈时，需要做三件事情：首先，要对工作绩效考核的资料进行整理和分析。对即将接受面谈的员工的工作描述进行研究，将员工的实际工作绩效与绩效标准加以对比，并对员工原来的工作绩效评价档案进行审查。其次，给员工较充分的准备时间。应至少提前一周通知员工，使其有时间对自己的工作进行审查、反思；阅读他们自己的工作描述；分析自己工作中存在的问题，收集需要提出的问题和意见。最后，面谈时间和地点的选择。应当找一个对双方来说都比较方便的时间来进行面谈，以便为整个面谈过程留有一段较为充裕的时间。不仅如此，面谈地点应当具有相对的安静性，以免面谈

被电话或来访者打扰。

三、绩效考核面谈的执行

在进行工作绩效考核面谈时，应当牢记以下几个要点。

（一）谈话要直接而具体

交谈要根据客观的、能够反映员工工作情况的资料来进行。这些资料包括以下几个方面的内容：缺勤、迟到、质量记录、检查报告、残次品或废品率、订货处理、生产率记录、使用或消耗的原料、任务或计划的按时完成情况、成本控制和减少程度、差错率、实际成本与预算成本的对比顾客投诉、产品退回、订货处理时间、库存水平及其精确度事故报告等。

（二）不要直接指责员工

例如，不要对员工说："你递交报告的速度太慢了。"相反，你应当试图将员工的实际工作绩效与绩效标准进行对比（如"这些报告通常应当在 10 天内递交上来"）。同样，也不要将员工个人的工作绩效与他人的工作绩效进行对比（如"他比你递交报告的速度要快多了"）。

（三）鼓励员工多说话

应当注意停下来听员工正在说什么；多提一些开放性的问题，比如，"你认为应当采取何种行动才能改善当前的这种状况呢？"还可以使用一些带有命令性质的话，如"请继续说下去"或"请再告诉我一些更多的事情"等；最后，还可以将员工所表述的最后一点作为一个问题提出来，比如，"你认为自己无法完成这项工作，是吗？"

（四）不要绕弯子

尽管不能直接针对员工个人，但必须确保员工明白自己到底做对了什么，又做错了什么。因此，以下做法可能是非常有意义的：给他们举出一些特定的例子；在他们了解如何对工作加以改善及何时加以改善之前，确信他们对问题已经搞明白，并且你们之间确实已经达成了共识，然后再制定出一个行动方案。

第三章 人力资源管理中的员工培训与开发

第一节 培训与开发概述

培训与开发一方面可以提高员工的知识技能，另一方面可以使员工认可和接受企业的文化和价值观，提升员工的素质并吸引保留优秀员工，增强企业凝聚力和竞争力。在纷繁复杂、不断变化的市场竞争环境下，企业要想立于不败之地，就必须持续扩充和增强人力资本，因而准确地理解培训与开发是很有必要的。

一、培训与开发的概念

现代人力资源管理的目的就是组织最大限度地发挥员工能力，提高组织绩效。在人力资源管理理论中，培训与开发是两个既有区别又有联系的概念。

（一）基本概念

培训与开发（training and development，T&D）是指为了使员工获得或改进与工作有关的知识、技能、动机、态度和行为，有效提高员工的工作绩效以及帮助员工对企业战略目标做出贡献，组织所做的有计划的、系统的各种努力。

（二）培训与开发的历史沿革

虽然有人认为培训与开发是新兴领域，但在实践中，人类组织培训与开发的历史源远流长，可以追溯到 18 世纪。培训与开发的发展主要经历了以下几个阶段。

1. 早期的学徒培训

在手工业时代，培训与开发主要是一对一的师傅带徒弟模式。

2. 早期的职业教育

1809 年，美国人戴维德·克林顿建立了第一所私人职业技术学校，使培训与开发进入学校阶段，预示培训进入专门化和正规化的阶段。

3. 工厂学校的出现

新机器和新技术的广泛应用，使培训需求大幅度增加。1872 年，美国印刷机制造商 Hoe & Company 公司开办了第一个有文字记载的工厂学校，其要求工人短期内掌握特定工作所需要的技术。随后福特汽车公司等各个工厂都尝试自行建立培训机构，即工厂学校。1917 年美国通过了《史密斯—休斯法》，规定政府拨款在中学建立职业教育课程，标志着职业教育体系开始形成。

4. 培训职业的创建与专业培训师的产生

20 世纪 30 年代美国政府建立了行业内部培训服务机构来组织和协调培训计划的实施。1944 年，美国培训与发展协会成立，为培训行业建立了标准，之后有了专业培训人员，培训成为一个职业。

5. 人力资源开发领域的蓬勃发展

20 世纪六七十年代，培训的主要功能是辅导和咨询有关知识和技术、人际交往功能等方面的问题。随着企业商学院、企业大学的成立和成功运作，自 20 世纪 80 年代以来，培训成为企业组织变革、战略人力资源开发的重要组成部分。

二、培训与开发人员及其组织结构

人力资源开发人员的素质不仅关系其自身的发展，而且也关系着整个企业人力资源开发职能工作的质量。不同的企业人力资源开发部门的组织结构存在较大差异，因此有必要了解培训与开发人员及其组织结构。

（一）专业培训与开发人员和组织的诞生

1944 年成立的美国培训与发展协会，是全球最大的培训与发展行业的专业协会，是非营利的专业组织，定期发表行业研究报告，颁发专业资格证书，举办年会以及各种培训活动等。

（二）培训与开发人员的资格认证

人力资源开发人员的认证可以分为社会统一资格认证体系和组织内部资格认证体系。目前统一采用人力资源专业人员的资格证书，美国人力资源协会的注册高级人力资源师（SPHR）和人力资源师（PHR）。

（三）培训与开发的组织结构

企业规模、行业、发展阶段不同，培训与开发的组织结构也不同，主要模式有学院模式、客户模式、矩阵模式、企业大学模式、虚拟模式五种。

三、培训与开发在人力资源管理中的地位

随着信息技术、经济全球化的发展，受到终身学习人力资源外包等因素的挑战，培训与开发在人力资源管理中的地位日益提升，对培训与开发人员提出了新的、更高的要求。同时，企业战略和内在管理机制不同，也要求提供相应的培训与开发支持。

（一）培训与开发是人力资源管理的基本内容

1. 培训与开发是人力资源管理的基本职能

人力资源管理的基本职能包括获取、开发、使用、保留与发展，现代培训与开发是充分发挥人力资源管理职能必不可少的部分。

2. 培训与开发是员工个人发展的客观要求

接受教育与培训是每个社会成员的权利，尤其是在知识经济时代，知识的提高及知识老化、更新速度的加快客观上要求员工必须不断接受教育和培训，无论从组织发展的角度，还是从员工个人发展的角度，员工必须获得足够的培训机会。

3. 培训与开发是国家和社会发展的客观需要

人力资源质量的提高对国家和社会经济的发展以及国际竞争力的提升具有重要作用。世界各国都非常重视企业员工的培训问题，并制定了相关的法律和政策加以规范，并对企业的培训和开发工作给予相关的支持和帮助。

4. 培训与开发与人力资源管理其他功能模块的关系

培训、开发与人力资源管理各个方面都相互联系，尤其是人力资源规划、职位设计、绩效管理、甄选和配置等联系更为紧密。招聘甄选后便要进行新员工的入职培训，培训与开发是员工绩效改进的重要手段，职位分析是培训需求分析的基础，人力资源规划则确定培训与开发的阶段性与层次性。

（二）培训与开发在人力资源管理中的地位和作用的变迁

1. 员工培训与开发伴随着人力资源管理实践的产生而产生

培训与开发是人类社会生存与发展的重要手段。通过培训而获得的知识增长和技能优化有助于提高劳动生产率。早在 1911 年，泰勒的《科学管理原理》就包括了培训与选拔的内容（按标准化作业培训工作人员并选拔合格者）。

2.现代培训与开发逐渐成为人力资源管理的核心内容

在全球化的背景下，培训已成为许多国际大企业大公司投资的重点。美国工商企业每年用于职工培训的经费达数千亿美元，绝大多数企业为职工制订了培训计划。以满足高质量要求的工作挑战。同时，多元化带来的社会挑战、技术革新使员工的技能要求和工作角色发生变化，使得员工需要不断更新专业知识和技能。

3.培训与开发是构建学习型组织的基础

随着传统资源的日益稀缺，知识经济的形成和迅速发展，21世纪最成功的企业是学习型组织。不论利润绝对数，还是销售利润率，学习型企业都比非学习型企业高出许多。培训与开发作为构建学习型组织的基础，具有重要的地位。

（三）战略性人力资源管理对培训的内在要求

战略性人力资源管理是指企业为实现目标所进行和所采取的一系列有计划、具有战略意义的人力资源部署和管理行为。

四、培训与开发的发展趋势

目前，培训与开发规模日益壮大，培训与开发水平不断提高，培训与开发技术体系日益完善，培训开发理论体系逐渐形成，人力资源培训与开发领域呈现出以下几方面的发展趋势。

（一）培训与开发的目的：更注重团队精神

培训与开发的目的比以往更加广泛，除了新员工上岗引导、素质培训、技能培训、晋升培训、轮岗培训之外，培训开发更注重企业文化、团队精神、协作能力、沟通技巧等。这种更加广泛的培训开发目的，使每个企业的培训开发模式从根本上发生了改变。

（二）培训与开发的组织：转向虚拟化和更多采用新技术

虚拟培训与开发组织能达到传统培训组织所无法达到的目标。现代化的培训与开发工具及手段包括多媒体培训与开发、远程培训与开发、网络培训与开发、电视教学等。在虚拟培训与开发过程中，虚拟培训与开发组织更加注意以顾客为导向，凡是顾客需要的课程、知识、项目、内容，都能及时供给并更新原有的课程设计。虚拟培训与开发组织转向速度快，更新知识和更新课程有明显的战略倾向性。

（三）培训与开发效果：注重对培训与开发效果的评估和对培训与开发模式的再设计

控制反馈实验是检验培训开发效果的正规方法。组织一个专门的培训开发效果测量小组，对进行培训与开发前后的员工能力进行测试，以了解培训与开发的直接效果。对培训与开发效果的评价，通常有四类基本要素：一是反应，评价受训者对培训开发计划的反应，对培训开发计划的认可度及感兴趣程度；二是知识，评价受训者是否按预期要求学到所学的知识、技能和能力；三是行为，评价受训者培训开发前后的行为变化；四是成效，评价受训者行为改变的结果，如顾客的投诉率是否减少，废品率是否降低，人员流动是否减少，业绩是否提高，管理是否更加有序等。

（四）培训与开发模式：更倾向于联合办学

培训与开发模式已不再是传统的企业自办培训与开发的模式，更多是企业与学校联合、学校与专门培训与开发机构联合、企业与中介机构联合或混合联合等方式。社会和政府也积极地参与培训与开发，如再就业工程，社区也在积极地参与组织与管理。政府的专门职能部门也与企业学校挂钩，如人事部门组织关于人力资源管理的培训。妇联组织关于妇女理论与实践的培训与开发和婚姻、家庭、工作三重角色相互协调的培训与开发等。

五、培训与开发体系

培训与开发是一项系统的工作，一个有效的培训与开发体系可以运用各种培训方式和人力资源开发的技术、工具，把零散的培训资源有机地、系统地结合在一起，从而保证培训与开发工作能持续地、有计划地开展下去。

（一）培训与开发体系

1. 培训与开发体系的定义

培训与开发体系是指一切与培训与开发有关的因素有序的组合，是企业内部培训资源的有机组合，是企业对员工实施培训的一个平台，主要由培训制度体系、培训资源体系、培训运作体系组成。

2. 培训与开发体系的建设与管理

（1）培训制度体系

培训制度是基础,包括培训计划、相关表单、工作流程、学员管理、讲师管理、权责分工、培训纪律、培训评估、培训档案管理制度等。建立培训体系首要工作就是建立培训制度、设计培训工作流程、制作相关的表单制订培训计划。培训制度的作用在于规范公司的培训活动，作为保证培训工作顺利进行的制度依据。有效的培训制度应当建立在人力资源管理的基础上，与晋升考核等挂钩。

（2）培训资源体系

培训资源体系主要包括培训课程体系、培训资产维护师资力量开发、培训费用预算等。培训课程体系：主要来源于岗位胜任模型，包括岗位式课程体系、通用类课程、专用类课程培训资源等。培训设施：培训必备工具（计算机、投影仪、话筒等）；培训辅助工具（摄影机、培训道具）；培训场地。培训教材：包括培训光碟、培训书籍、电子教材（软件）等。管理要求：定期检查分类管理、过程记录、专人负责。

（3）培训运作体系

培训运作体系包括培训需求分析、培训计划制定、培训方案设计、培训课程开发、培训实施管控、培训效果评估。

（二）企业大学

1. 企业大学的定义

企业大学又称公司大学，是指由企业出资，以企业高级管理人员、一流的商学院教授及专业培训师为师资，通过实战模拟、案例研讨、互动教学等实效性教育手段，培养企业内部中、高级管理人才和企业供销合作者，满足人们终身学习的一种新型教育、培训体系。

企业大学是比较完美的人力资源培训与开发体系，是有效的学习型组织实现手段，也是公司规模与实力的证明。早在1927年，通用汽车就创办了GM学院，通用电气1956年建立的克劳顿培训中心（现在称为领导力发展中心）标志着企业大学的正式诞生。

2. 企业大学的类型

（1）内向型企业大学

内向型企业大学是为构筑企业全员培训体系而设计的，学员主要由企业员工构成，不对外开放，如麦当劳大学、通用汽车的领导力发展中心等。

（2）外向型企业大学

外向型企业大学分为两类，一类是仅面向其供应链开放，将其供应商、分销商或客户纳入学员体系当中，主要目的是支持其业务发展；另一类是面向整个社会，主要目的是提升企业形象或实现经济效益，如惠普商学院。

3. 西方企业大学成功的关键因素

公司高层主管的参与和重视；将培训与发展目标和组织的战略性需求紧密

结合；重视学习计划的绩效评估；根据企业内部和外部的学习需求，设计和实施具有针对性的核心课程；善于利用现代化的网络及数字工具，构建完善的学习环境；与其他企业和传统高校建立良好的合作关系。

第二节　培训需求分析

一、培训需求分析的含义与作用

（一）培训需求分析的含义

所谓培训需求分析，是指在规划与设计每项培训活动之前，由培训部门、主管负责人、培训工作人员等采用各种方法与技术，对参与培训的所有组织及其员工的培训目标、知识结构、技能状况等方面进行系统鉴别与分析，以确定这些组织和员工是否需要培训及如何培训，弄清谁最需要培训、为什么要培训、培训什么等问题，并进行深入探索研究的过程。

（二）培训需求分析的作用

培训需求分析作为现代培训活动的首要环节，在培训中具有重大作用，具体表现如下。

1. 充分认识现状与目的差距

培训需求分析的基本目标就是确认差距，即确认绩效的应有状况同现实状况之间的差距。绩效差距的确认一般包含三个环节：一是必须对所需要的知识、技能、能力进行分析，即理想的知识、技能、能力的标准或模式是什么；二是必须对现实实践中缺少的知识技能、能力进行分析；三是必须对理想的或所需要的知识、技能、能力与现有的知识、技能、能力之间的差距进行分析。这三个环节应独立并有序地进行，以保证分析的有效性。

2. 促进人事管理工作和员工培训工作的有效结合

当需求分析考虑到培训和开发时，需求分析的另一个重要作用便是能促进人事分类系统向人事开发系统的转换。包括企业在内的一般组织之中，大部分有自己的人事分类系统。人事分类系统作为一个资料基地，在做出关于补偿金、员工福利、新员工录用、预算等的决策方面非常重要，但在工作人员开发计划、员工培训和解决实际工作中等方面的用处很小。

3. 提供解决工作中实际问题的方法

可供选择的方法可能是一些与培训无关的选择，如组织新设与撤销、某些岗位的人员变动、新员工吸收，或者是几个方法的综合。

4. 能够得出大量员工培训的相关成果

培训需求分析能够作为规划开发与评估的依据。一个好的需求分析能够得出一系列的研究成果，确立培训内容，指出最有效的培训战略，安排最有效的培训课程。同时，在培训之前，通过研究这些资料，建立起一个标准，然后用这个标准来评估培训项目的有效性。

5. 决定培训的价值和成本

如果进行了好的培训需求分析，并且找到了存在的问题，管理人员就能够把成本因素引入培训需求分析。这个时候，如果不进行培训的损失大于进行培训的成本，那么培训就是必要的、可行的。反之，如果不进行培训的损失小于培训的成本，则说明当前还不需要或不具备条件进行培训。

6. 能够获得各个方面的协助

工作人员对必要的工作程序的忽视，并不能排除组织对工作人员承担的责任。如果一个组织能够证明信息和技能被系统地传授，就可以避免或减少不利条件的制约。同时，高层管理部门在对规划投入时间和金钱之前，对一些支持性的资料很感兴趣。中层管理部门和受影响的工作人员通常支持建立在客观的需求分析基础之上的培训规划，因为他们参与了培训需求分析过程。无论是组织内部还是外部，需求分析提供了选择适当指导方法与执行策略的大量信息，这为获得各方面的支持提供了条件。

二、培训需求分析的内容

培训需求分析的内容主要有三个方面：培训需求的对象分析、培训需求的阶段分析、培训需求的层次分析。

（一）培训需求的对象分析

培训对象分为新员工培训和在职员工培训两类，所以培训需求的对象分析包括新员工培训需求分析和在职员工培训需求分析。

1. 新员工培训需求分析

新员工主要进行企业文化、制度、工作岗位的培训，通常使用任务分析法。新员工的培训需求主要产生于对企业文化、企业制度不了解而不能融入企业，或是对企业工作岗位不熟悉而不能胜任新工作。对于新员工培训需求分析，特别是对于企业低层次工作的新员工培训需求，通常使用任务分析法来确定其在工作中需要的各种技能。

2. 在职员工培训需求分析

在职员工主要进行新技术、技能的培训，通常使用绩效分析法。由于新技术在生产过程中的应用，在职员工的技能不能满足工作需要等而产生培训需求。

（二）培训需求的阶段分析

培训活动按阶段，可分为针对目前存在的问题和不足所进行的目前培训和针对未来发展需要所进行的未来培训。因此，培训需求的阶段分析包括目前培训需求分析和未来培训需求分析。

1. 目前培训需求分析

目前培训需求是针对企业目前存在的不足和问题而提出的培训需求，主要包括分析企业现阶段的生产经营目标、生产经营目标实现状况、未能实现的生产任务、企业运行中存在的问题等，找出这些问题产生的原因，并确认培训是解决问题的有效途径。

2. 未来培训需求分析

这类培训需求是为满足企业未来发展需要而提出的培训需求，主要包括预测企业未来工作变化、职工调动情况、新工作职位对员工的要求以及员工已具备的知识水平和尚欠缺的部分。

（三）培训需求的层次分析

培训需求的层次分析从三个层次进行：战略层次、组织层次、员工个人层次。与此相对应，培训需求的层次分析可分为战略层次分析、组织层次分析和员工个人层次分析三种。

1. 培训需求的战略层次分析

战略层次分析要考虑各种可能改变组织优先权的因素，如引进一项新技术、突发性的紧急任务、领导人的更换、产品结构的调整、产品市场的扩张、组织的分合以及财政的约束等；还要预测企业未来的人事变动和企业人才结构的发展趋势（如高中低各级人才的比例、老中青各年龄段领导的比例等），调查了解员工的工作态度和对企业的满意度，找出对培训不利的影响因素和可能对培训有利的辅助方法。

2. 培训需求的组织层次分析

组织层次分析主要分析的是企业的目标、资源、环境等因素，准确找出企业存在的问题，并确定培训是否是解决问题的最佳途径。组织层次的分析应首先将企业的长期目标和短期目标作为一个整体来考察，同时考察那些可能对企业目标发生影响的因素。因此，人力资源部必须弄清楚企业目标，才能在此基础上做出一份可行的培训规划。

3. 培训需求的员工个人层次分析

员工个人层次分析主要是确定员工目前的实际工作绩效与企业的员工绩效标准对员工技能要求之间是否存在差距，为将来培训效果的评估和新一轮培训需求的评估提供依据。对员工目前实际工作绩效的评估主要依据以下资料：员工业绩考核记录、员工技能测试成绩以及员工个人填写的培训需求调查问卷等资料。

三、培训需求分析的方法与程序

（一）培训需求分析的方法

任何层次的培训需求分析都离不开一定的方法与技术。而这种方法与技术又是多种多样的。在此，从宏观的角度探讨三种方法：必要性分析方法、全面性分析方法、绩效差距分析方法。

1. 培训需求的必要性分析方法

（1）必要性分析方法的含义与内容

所谓必要性分析方法，是指通过收集并分析信息或资料，确定是否通过培训来解决组织存在问题的方法，它包括一系列的具体方法和技术。

（2）九种基本的必要性分析方法与技术

第一，观察法。通过较长时间的反复观察，或通过多种角度、多个侧面对有典型意义的具体事件进行细致观察，进而得出结论。

第二，问卷法。其形式可能是对随机样本、分层样本或所有的"总体"进行调查或民意测验。可采用各种问卷形式，如开放式、投射式、强迫选择式、等级排列式等。

第三，关键人物访谈。通过对关键人物的访谈，如培训主管、行政主管、专家主管等，了解到所属工作人员的培训需要。

第四，文献调查。通过对专业期刊、具有立法作用的出版物等的分析、研究，获得调查资料。

第五，采访法。可以是正式的或非正式的、结构性的或非结构性的，可以用于一个特定的群体，如行政机构、公司、董事会或者每个相关人员。

第六，小组讨论。像面对面的采访一样，可以集中于工作（角色）分析、群体问题分析、目标确定等方面。

第七，测验法。以功能为导向，可用于测试一个群体成员的技术知识熟练程度。

第八，记录报告法。可以包括组织的图表、计划性文件政策手册、审计和预算报告；对比较麻烦的问题提供分析线索。

第九，工作样本法。采用书面形式，由顾问对已作假设并且相关的案例提供书面分析报告；可以是组织工作过程中的产物，如项目建议、市场分析、培训设计等。

2. 培训需求的全面性分析方法

全面性分析方法是指通过对组织及其成员进行全面、系统的调查，以确定理想状况与现有状况之间的差距，从而进一步确定是否进行培训及培训内容的一种方法。

（1）全面性分析方法的主要环节

由于工作分析耗费大量时间，且需要系统的方法，因而分析前制定详细的计划对于全面分析方法的成功实施非常重要。在计划阶段，一般包括计划范围的确定和咨询团体的任命两部分内容。

（2）研究阶段

工作分析的规范制定出以后，工作分析必须探究目标工作。首先检验的信息是工作描述。当研究阶段结束后，工作分析人员应该能从总体上描述一项工作。

（3）任务或技能目标阶段

这一阶段是工作分析的核心，有两种方法可以应用：一种是形成一个详细的任务目录清单，即每一项任务被分解成微小的分析单位；另一种方法是把工作仅剖析成一些任务，然后形成一个描述任务目录的技能目标。

（4）任务或技能分析阶段

工作任务的重要性是能够分析的维度或频率，频率即一定时间内从事一项任务的次数。其他维度包括所需要的熟练水平、严重性及责任感的强弱程度。熟练水平这一维度主要用来考查在不同的任务中是否需要高级、中级或低级的熟练水平。严重性这一维度主要考察何种任务如果执行得不适当、不合理将会产生灾难性后果。责任感的强弱程度这一维度主要用来考查在职工作人员在不同层次的监督下所表现出来的责任感的大小。

3.培训需求分析的绩效差距分析方法

绩效差距分析方法也称问题分析法，它主要集中在问题而不是组织系统方面，其推动力在于解决问题而不是系统分析。绩效差距分析方法是一种广泛采用的、非常有效的需求分析法。绩效差距分析法的环节如下。

（1）发现问题阶段

发现并确认问题是绩效分析法的起点。问题是理想绩效和实际绩效之间差距的一个指标。其类型诸如生产力问题、士气问题、技术问题、资料或变革的需要问题等。

（2）预先分析阶段

此阶段也是由培训者进行直观判断的阶段。在这一阶段，要注意两个问题：一项是如果发现了系统的、复杂的问题，就要运用全面性分析方法；另一项是确定应用何种工具收集资料。

（3）资料收集阶段

收集资料的技术有多种，各种技术在使用时最好结合起来，经常采用的有扫描工具、分析工具等。

（4）需求分析阶段

需求分析涉及寻找绩效差距。传统上，这种分析考察实际个体绩效同工作说明之间的差距。然而，需求分析也考查未来组织需求和工作说明。既然如此，工作设计和培训就高度结合起来。我们可以把需求分析分为工作需求、个人需求和组织需求三个方面。

（5）需求分析结果

需求分析结果是通过一个新的或修正的培训规划解决问题，是全部需求分析的目标所在。对结果进行分析后，最终确定针对不同需求采取的不同培训方法及不同的培训内容。

（二）培训需求分析的程序

1. 做好培训前期的准备工作

培训活动开展之前，培训者就要有意识地收集有关员工的各种资料。这样不仅能在培训需求调查时方便调用，而且能够随时监控企业员工培训需求的变动情况，以便在恰当的时候向高层领导者请示开展培训。

（1）建立员工培训档案

培训部门应建立起员工的培训档案，培训档案应注重员工素质、员工工作变动情况以及培训历史等方面内容的记载。员工培训档案可参照员工人事档案、员工工作绩效记录表等方面的资料来建立。另外，培训者应密切关注员工的变化，随时向其档案里添加新的内容，以保证档案的及时更新和监控作用。

（2）同各部门人员保持密切联系

培训工作的性质决定了培训部门通过和其他部门之间保持更密切的合作联

系，随时了解企业生产经营活动、人员配置变动、企业发展方向等方面的变动，使培训活动开展起来更能满足企业发展需要，更有效果。培训部门工作人员要尽可能和其他部门人员建立起良好个人关系，为培训收集到更多、更真实的信息。

（3）向主管领导反映情况

培训部门应建立一种途径，满足员工随时反映个人培训需要的要求。可以采用设立专门信箱的方式，或者安排专门人员负责这一工作。培训部门了解到员工需要培训的要求后应立即向上级汇报，并汇报下一步的工作计划。如果这项要求是书面的，在与上级联系之后，最好也以书面形式作答。

（4）准备培训需求调查

培训者通过某种途径意识到有培训的必要时，在得到领导认可的情况下，就要开始需求调查的准备工作。

2. 制订培训需求调查计划

培训需求调查计划应包括以下几项内容。

（1）培训需求调查工作的行动计划

培训需求调查工作即安排活动中各项工作的时间进度以及各项工作中应注意的一些问题，这对调查工作的实施很有必要。特别是对于重要的、大规模的需求分析，有必要制订一个行动计划。

（2）确定培训需求调查工作的目标

培训需求调查工作应达到什么目标，一般来说应完全出于某种培训的需要，但由于在培训需求调查中会有各种客观或主观的原因，培训需求调查的结果并不是完全可信的。所以，要尽量排除其他因素的影响，提高培训需求调查结果的可信度。

（3）选择合适的培训需求调查方法

应根据企业的实际情况以及培训中可利用的资源选择一种合适的培训需求

分析方法。如工作任务安排非常紧凑的企业员工不宜采用面谈法，专业技术性较强的员工一般不用观察法。

（4）确定培训需求调查的内容

确定培训需求调查内容的步骤如下：首先要分析这次培训调查应得到哪些资料，然后排除手中已有的资料，就是需要调查的内容。培训需求调查的内容不要过于宽泛，以免浪费时间和费用；对于某一项内容可以从多角度调查，以便取证。

3. 实施培训需求调查工作

在制订了培训需求调查计划以后，就要按计划规定的行动依次开展工作。实施培训需求调查主要包括以下步骤。

（1）提出培训需求动议或愿望

由培训部门发出制订计划的通知，请各责任人针对相应岗位工作需要提出培训动议或愿望。培训需求动议应由理想需求与现实需求或预测需求与现实需求存在差距的部门和岗位提出。

（2）调查、申报、汇总需求动议

相关人员根据企业或部门的理想需求与现实需求或预测需求与现实需求的差距，调查、收集来源于不同部门和个人的各类需求信息，整理、汇总培训需求的动议和愿望，并报告企业培训组织管理部门或负责人。

（3）分析培训需求

申报的培训需求动议并不能直接作为培训的依据。因为培训需求通常是一个岗位或一个部门提出的，存在一定的片面性，所以对申报的培训需求进行分析，就是要消除培训需求动议的片面性，也就是说要全方位分析。

（4）汇总培训需求意见，确认培训需求

培训部门对汇总上来并加以确认的培训需求列出清单，参考有关部门的意见，根据重要程度和迫切程度排列培训需求，并依据所能收集到的培训资源制订初步的培训计划和预算方案。

4.分析、输出培训需求结果

（1）对培训需求调查信息进行归类、整理

培训需求调查信息来源于不同的渠道，信息形式有所不同，因此，有必要对收集到的信息进行分类，并根据不同的培训调查内容进行信息的归档，同时要制作表格对信息进行统计，并利用直方图、分布曲线图等工具将信息所表现趋势和分布状况予以形象地处理。

（2）对培训需求分析、总结

对收集上来的调查资料进行仔细分析，从中找出培训需求。此时应注意个别需求和普遍需求、当前需求和未来需求之间的关系。要结合业务发展的需要，根据培训任务重要程度和紧迫程度对各类需求进行排序。

（3）撰写培训需求分析报告

对所有的信息进行分类处理、分析总结以后，根据处理结果撰写培训需求分析报告，报告结论要以调查信息为依据，不能凭个人主观看法得出结论。

第三节　培训计划制定与实施

培训计划直接关系培训与开发活动的成败，是确定培训内容和方法、评估培训效果的主要依据。因此，必须了解什么是培训计划、培训计划包括哪些内容、如何制订培训计划。

一、培训计划工作概述

（一）培训计划的概念

培训计划是按照一定的逻辑顺序排列的记录，它是从组织的战略出发，在全面、客观的培训需求分析基础上对培训内容、培训时间、培训地点、培训者、培训对象、培训方式和培训费用等做出的预先系统设定。

（二）培训计划的类型

培训计划要着重考虑可操作性和效果。以时间跨度为标准，培训计划可以分为长期培训计划、中期培训计划、短期培训计划。

1. 长期培训计划（3 年以上）

长期培训计划必须明确培训的方向性，考虑组织的长远目标、个人的长远目标、外部环境发展趋势、目标与现实的差距、人力资源开发和培训策略、培训资源配置、培训支援的需求、培训内容的整合、培训行动步骤、培训效益预测、培训效果预测等因素。

2. 中期培训计划（1 ~ 3 年）

中期培训计划是长期计划的进一步细化，要明确培训中期需求、培训中期目标、培训策略、培训资源分配等因素。

3. 短期培训计划（1 年以下）

从目前国内组织的培训实践来看，通常所说的培训计划大多是短期培训计划，更多的是某次或某项目的培训计划。

以上三种计划属于从属关系，从长期到短期培训计划工作不断细化。

二、培训计划的制订

（一）确立培训目的与目标

1.培训目标的分类

培训目标可以分为提高员工在企业中的角色意识、提高知识和技能转变态度动机几类。培训目标可分为若干层次，从某一培训活动的总体目标到某个学科：直至每堂课的具体目标，越往下越具体。

2.确定培训目标的注意事项

确定培训目标应当和组织长远目标相吻合，一次培训的目标不要太多，要从学习者的角度出发，明确说明预期课程结束后学员可以拥有哪些知识、信息及能力。目标确立应符合 SMART 原则，即目标必须是具体的，目标必须是可以衡量的，目标必须是可以达到的，目标必须和其他目标具有相关性，目标必须具有明确的截止期限。

（二）确定培训时间

培训时间主要包括培训时机和培训的持续时间。

1.选择培训时机

企业可选择以下时间作为培训时机：①新员工加盟时；②新技术、新设备引进或生产工艺流程变更时；③满足补救需要时（缺乏合格员工）。

2.确定培训的持续时间

企业应根据以下因素确定培训的持续时间：①培训内容；②培训费用；③学员素质；④学员的工作与休闲时间的分配。

（三）确定培训场所与设施

确定培训场所与设施时必须注意以下问题：①培训场所的多样化；②判断培训场所与设施的基本要求，即舒适度与合适度；③场所选择必须考虑各种细节。

（四）确定培训者

培训者有广义和狭义之分。广义的培训者包括培训部门领导人、培训管理人员以及培训师；狭义的培训者专指培训师。

培训部门领导人的条件：①对培训工作富有热情，具有敬业精神；②有培训与开发工作的实际经验；③以身作则，对受训者和自己一视同仁；④富有远见，能清楚地分析组织的培训要求，对人力资源发展有战略眼光；⑤有良好的知识结构，特别是有培训与开发的专业知识；⑥有良好的职业道德品质和身体状况。

培训管理人员的条件：①善于与人打交道；②工作主动、积极；③有任劳任怨的精神；④有一定的组织管理能力。

培训师的条件：培训师是企业培训活动的关键环节，培训师资水平直接影响培训活动的实施效果，甚至可能会影响企业领导对人力资源部门和企业培训与开发工作的基本看法。培训师可以来自企业内部或外部。优秀的培训师需要具备以下素质和技能。

1. 态度

培训师应当喜欢培训工作，符合"3C"，即关心（care）、创造性（creativity）和勇气（courage）。

2. 能力

培训师应当具备信息转化能力、良好的交流和沟通能力、一定的组织管理能力和创新能力。

企业内部的培训讲师是企业培训师资队伍的主体，他们能有效传播企业真正需要的知识与技能，对企业有效经验和成果进行共享和复制；同时选择优秀员工担任讲师，为员工职业生涯发展开辟更广阔的道路。所以，企业应注意对内部讲师的培养和激励以及制度建设问题。外部讲师的选拔同样要遵照相应的程序，还应考虑促进外部讲师授课成果的有效转化。

（五）确定培训对象

一般而言，组织内有三种人员需要培训。

第一种，可以改进目前工作的员工：培训可以使他们更加熟悉自己的工作和技术。

第二种，有能力而且组织要求他们掌握另一门技术的员工：培训的目的是将其安排到更重要、更复杂的岗位上。

第三种，有潜力的员工：经过培训让他们进入更高层的岗位。

培训对象确定后，最好能立即列出该对象的相关资料，如平均年资、教育背景、共同特质、曾参加过的培训等。

（六）确定培训内容与项目

培训内容应服务于培训目的与目标。培训的内容一定要科学，既要考虑系统性、适用性，也要考虑超前性，并根据不同的对象和不同的时间有所变化。

确定培训内容与项目的依据：①以工作岗位标准为依据；②以生产 / 服务质量标准为依据；③以组织的发展目标为依据。

确定培训内容与项目的分析方法：①任务分析法；②缺陷分析法；③技能分析法；④目标分析法。

（七）确定培训方法

培训内容确定后，可以依据知识性课程、技能性课程、态度性课程等不同的课程，选择相适应的培训方法。培训方法主要包括课堂讲授法、研讨法、角色扮演法、游戏法、案例法、敏感性训练视听法、程序指导、头脑风暴法、模拟法等。

（八）确定培训与开发预算

培训与开发预算是指在一段时间内（通常是 12 个月）培训与开发部门所需要的全部开支。培训与开发预算主要由五部分构成，包括培训场地及设施，与培训相关人员的食宿费、培训器材费、教材费，培训相关人员工资以及外聘教师讲课费、交通差旅费等。培训与开发预算的确定主要有六种方法。

1. 比较预算法

参考同行业平均培训预算与优秀企业培训预算，结合本企业实际情况确定。

2. 比例确定法

对某一基准值设定一定的比率来决定培训经费预算额。如根据企业全年产品的销售额或总经费预算的一定百分比来确定培训经费预算。

3. 人均预算法

预先确定企业内部人均培训经费预算额，然后再乘以在职人员数量。

4. 推算法

根据过去培训的使用额来推算，或与上一年度对比决定预算。

5. 需求预算法

根据企业培训需求确定时限内必须开展的培训活动，分项计算经费，然后加总求和。

6. 费用总额法

企业划定人力资源部门全年费用总额后，再由人力资源部门自行分配预算。

三、编制培训计划书

（一）概念

培训计划书是关于培训计划制定结果的一份文字总结。具体包括培训项目名称、培训目的、培训进度、培训内容、培训步骤、意外控制、注意事项、策划人、日期等。

（二）作用

可对整个项目做一个清晰的交代，同时充分陈述项目的意义、作用和效果，简化培训程序；信息与分析结果高度浓缩的培训计划书可为高层领导的决策提供必要的依据和便利；可预先帮助管理者加深对培训项目各个环节的了解，从而做到统筹规划。

（三）编写技巧

项目名称要尽可能详细地写出；应写明培训计划者所属部门、职务、姓名。团队形式则应写出团队名称、负责人、成员姓名；培训计划的目的要尽可能简明扼要，突出核心要点；培训计划书内容应在认真考虑受众的理解力和习惯的基础上详细说明，表现方式应简单明了，并可适当加入一些图表；详细阐述计划培训的预期效果与预测效果，并解释原因；对计划中出现的问题要全部列明，不应回避，并阐述计划者的看法；培训计划书是以实施为前提编制的，通常会有很多注意事项，在编写时应将它们提出来供决策者参考。

四、培训材料

培训材料指能够帮助学习者达成培训目标、满足培训需求的所有资料，具体包括课程描述、课程的具体计划、学员用书、课前阅读资料、教师教学资料包（视听材料、练习册、背景资料、电脑软件等）、小组活动的设计与说明、测试题目。

五、培训实施

（一）明确培训学习的原则

1. 近期目标和长远战略相结合的原则

为了制订科学的、切实可行的培训计划，应该对企业人才需求进行预测，并且充分考虑到企业的生产经营特点、近期目标、长远规划以及社会劳动力供求变化趋势等因素。要对培训的目标、方法、效益进行周密细致地研究。通过制订和执行培训计划，保持培训的制度化和连续性。企业还应建立培训效果的追踪检查方案，并根据生产经营的变化，随时对培训计划做出相应的修订。

2. 全员培训与重点提高相结合的原则

全员培训就是有计划、有步骤地对在职的所有员工进行培训，这是提高全体员工素质的必经之路。为了提高培训投入的回报率，培训必须有重点，即注重对企业兴衰有着重大影响的管理和技术骨干，特别是中高层管理人员的培训；再者，有培养前途的梯队人员，更应该有计划地进行培训与开发。

在坚持全员培训与重点提高相结合的原则的同时，要因材施教，处理好学员共性和个性的关系。也就是说，要针对员工的不同文化水平、不同职务岗位、不同要求以及其他差异，区别对待。只有这样，才能最大限度地发挥培训的功能，使员工的才能在培训活动中得到培养和提高，并在生产经营中得以实现。

3. 知识技能培训与企业文化培训兼顾的原则

培训与开发的内容，除了文化知识、专业知识、专业技能外，还应包括理想、信念、价值观、道德观等方面的内容。而后者又要与企业目标、企业文化、企业制度、企业优良传统等结合起来，使员工在各方面都能够符合企业的要求。

4. 理论联系实际，学以致用的原则

员工培训应当有明确的针对性，一定要从本企业实际出发，从实际工作的需要出发，根据企业的实际需要组织培训，使培训与生产经营实际紧密结合，与职位特点紧密结合，与培训对象的年龄、知识结构、能力结构、思想状况紧密结合，目的在于通过培训让员工掌握必要的技能以完成规定的工作，最终为提高企业的经济效益服务。企业培训既不能片面强调学历教育，也不能片面追求立竿见影。

5. 培训效果的反馈与强化原则

培训效果的反馈与强化是不可缺少的重要环节。培训效果的反馈指的是在培训后对员工进行检验，其作用在于巩固员工学习的技能，及时纠正错误和偏差。反馈的信息越及时、准确，培训的效果就越好。强化则是指由于反馈而对接受培训人员进行的奖励或惩罚。其目的一方面是奖励接受培训并取得绩效的人员，另一方面是加强其他员工的培训意识，使培训效果得到进一步强化。

6. 培训活动的持久性原则

培训作为人力资源体系中一个很重要的环节，要充分认识到培训的持续作用。仅仅几次培训很难达到预期效果，也不符合人力资源发展规律，那种试图"一蹴而就"的做法是不可取的，时冷时热式的培训虽然可以在一定程度上取得效果，但会挫伤员工的积极性。

7. 培训活动的协调性

时间上的协调。有的培训需要较长的时间，这就不可避免地产生时间冲突，尤其是与员工私人时间的冲突。如果占用太多私人时间，员工参加培训时就会心不在焉，培训效果自然大打折扣。

组织上的协调。有的培训很难把参加的人员组织好，诸如出差、工作忙、开会等因素都会影响培训的人员安排，这就需要培训部门和相关人员协调好，保证大家都有时间参加。

（二）合理选择培训的方法

员工培训的方法是指培训主体（通常是企业）为了实现培训目标而采取的

作用于企业员工的各种方式、形式、手段和程序等的总和。它是实现企业员工培训目标的中介和桥梁，是整个员工培训系统的重要组成部分，是提高员工培训实效性的关键之一。企业员工培训方法的综合把握和有效调试，对提高员工培训的实效性有着重要意义。

1. 目前我国企业员工培训方法存在的问题

目前，我国企业员工的培训工作已经取得了一些成就，尤其是一些大企业的员工培训，已经具有相当高的水平。但是受传统观念的束缚，目前企业的员工培训方法在很多方面已经和时代脱节，主要存在着以下弊端。

（1）观念落后，认识不足

相当一部分企业将员工培训看作单纯的投入，所以尽可能地减少培训人数和费用。这是一种典型的短视行为，只看到了短期的投入，而没有看到员工培训为企业长远发展所培养积攒的人力资本。

（2）只重技能，不重素质

企业员工培训的内容很多，一般由知识培训、技能培训和素质培训组成。我国企业的员工培训主要停留在员工的知识和技能方面，对于其他方面则做得不够。如对企业文化的传承、企业内聚力的加强、员工工作热情的激发等方面认识不足，导致我国企业员工的培训只注重技能培训而忽视素质培训。其结果是虽然员工技能得到了长足的提高，但缺乏正确的工作态度和优良的职业精神，导致员工离职率居高不下，企业的培训投入无法得到回报。

（3）不成体系，方法老套

一份权威机构对我国企业的培训调查报告显示，92% 的企业没有完善的员工培训体系，仅有 42% 的企业有自己的培训部门。很多企业一提到员工培训，就是来场讲座或是外派学习一周等形式，很少考虑自身需要，只是为培训而培训。

（4）流于表面，缺乏激励

大部分企业只是注重培训的现场状况，只对培训的组织、培训讲师的表现等最表面的东西进行考评，而对于培训对员工行为的影响，甚至对公司整体绩效的影响却不去考评。外派培训则更为简单，只看培训者有没有培训的合格证书，流于表面，不重视培训的内涵。

2. 完善企业员工培训方法的途径

针对目前国内企业员工培训工作中所存在的弊端和不足，企业员工培训工作要根据企业培训的新目标、新内容，总结其他企业的培训经验，建立符合自身特色和时代特征并符合规律性、富有实效性的系统方法，具体需要从以下几个方面努力。

（1）注意运用渗透式培训方法

不断加强渗透式培训，是今后企业员工培训方法发展的一个趋势。企业应借鉴国内外先进大公司的有益做法并结合自身特点，探索具体渗透方法。员工培训于企业文化建设之中：可通过企业愿景、战略目标、企业价值观等的宣传，引导员工从中获得良好的企业氛围熏陶，提高综合素质，摆正价值取向，选择正确的和企业发展一致的职业生涯；员工培训于开放模式之中：开放型的培训模式应该是"面向世界、面向社会、走出企业、多方参与、内外开放、齐抓共管"的模式。

（2）注意运用隐性培训的方法

我国企业的员工培训比较侧重于显性方法，即能让员工明显感到培训意图的方法。这种方法有利于对员工进行正面系统的理论培训，而且容易对培训过程进行监控和评估。但光靠显性方法是不够的，应结合企业实际，借鉴运用隐性培训方法，使员工在不知不觉中得到提高。

（3）注意运用灵活多样的培训方法

正确认识员工的层次性、差异性，是实施灵活多样的培训方法的前提。这就需要与时俱进，以更加多样的方法增强员工培训的针对性和实效性。当然，强调员工培训方法的多样性，并不等于否定员工培训内容的主导性，应用培训方法的多样性来丰富培训主导性的内容，两者相互依存、相互促进、共同发展。

（4）注意科学化的培训方法

传统的企业培训从"本本"出发，沿袭常规不变的教条；而当今时代的员工培训从目标设计到具体实施都经过了科学的评估和实验过程，是经过反复论证筛选的结果。科学化的培训方法表现在普遍使用各种较先进的科技来辅助培训，用计算机来处理分析有关资料；也表现在培训观念更新和实践领域的通俗化上。

3. 员工培训的常用方法

随着企业员工培训理论的不断发展和深入，企业对员工培训的方法也变得日趋多样和成熟。员工培训主要的方法有授课法、研讨法、案例法、工作轮换法、户外拓展法等。企业培训方式的选择对培训效果有直接影响，因此，对不同的培训对象和培训内容，必须选择不同的培训方法，才能达到企业员工培训的目的。

（1）授课法

授课法是最普遍的员工培训方法，是通过讲师的语言和演示，向员工传授知识和技能。授课法具有方便实施、效率高的特点。在实施授课法时，企业员工培训的内容要符合企业和员工的需求，并考虑员工的接受能力。讲师的选择也是关键，要选择专业经验丰富的授课老师。

（2）研讨法

研讨法是员工培训的重要方法之一，是鼓励员工就所学知识提问、探讨的一种培训方式。通过员工之间的交流来解决学习和生产中存在的问题，有助于巩固理解学习的知识，培养员工的综合能力和解决问题的能力。

（3）案例法

案例法源自国外大学的教学模式，是研讨教学法的延伸。这种方法的主要优点是鼓励员工认真思考、主动参与，并发表个人见解和体会，可以培养员工的表达能力、合作精神。案例法的重点在于如何提高员工培训效果，难点在于教学案例的开发。

（4）工作轮换法

工作轮换法是将员工调到另一个工作岗位去工作，也叫"轮岗培训"。工作轮换法能帮助员工理解多种工作环境，扩展员工的工作经验，适合于培训综合性管理人员。

（5）户外拓展

户外拓展主要是利用有组织的户外活动来培训团队协作能力。这种方法适用于培训与团队效率有关的技能，如自我意识、问题解决、冲突管理和风险承担。户外拓展培训的方式一般是团体性的体育活动或游戏，如登山、野外行军、攀岩、走木桩、翻越障碍及各种专门设计的游戏。企业员工培训方案如果采取户外拓展，一定要有针对性，要通过开展活动来达到培训员工的目的。

（三）培训内容的选取

1. 培训内容选取的原则

（1）学以致用

企业培训与社会办学不同，社会办学强调的是强化基础、宽化专业，这是因为学生毕业后面对的是整个社会，大多数人很难匹配到狭义上的"对口专业"，只有具备了扎实的基础知识和宽广的专业面，才能较从容地面对就业。而在企业中，每一个员工都有自己的工作岗位，所要适应的知识和技能有一个基本确定的范围。因此，企业对员工的培训应该围绕着这个范围来展开。这样，员工学得会、用得上、见效快，企业成本也低，从而实现成本收益的最优化。

（2）培训的结果对企业和员工都有利

在培训活动中，企业投入的是人、财、物等资源，目的是提升企业的技术能力、产品质量和生产效率，进而提高企业在市场上的竞争力；员工投入的是时间、精力，目的是提升自身的素质和工作技能，赢得尊重，为日后更换工作岗位、晋升、加薪做好准备。

（3）内容丰富、形式多样

在企业中，员工的职系分工不同，应用的知识、技能随之不同；员工的职位层级不同，应用知识、技能的深浅程度也不同。为使每一个员工都得到有针对性的培训，必须有丰富的培训内容。员工培训绝不可理解为单调的上课。根据培训的对象、目的、时间周期、培训人数等，培训可采用军体训练、讲课讲座、办短训班或集训队、跟班学习、班组研讨会、外派学习、师傅带徒弟、户外活动等多种形式进行。

2. 新员工培训的主要内容

新员工的岗前培训是最常见的企业培训之一。与一般的企业员工培训不同，新员工培训主要侧重于两个方面：其一，帮助新员工熟悉企业的工作环境，让他们轻松愉快地成为企业中的一员；其二，使新员工了解必要的知识和技能，了解公司的运作程序，使他们熟悉公司的设施和他们的岗位责任。

3. 在职员工培训的主要内容

在企业培训中，对在职员工的培训约占整个企业培训工作量的80%～90%。在职员工不仅人数众多、培训需求千差万别、现有水平参差不齐，而且这种培训需要长期持续不断、逐步深入地进行。因此，对企业在职人员培训内容的确定，是做好企业培训工作关键之一。在职员工培训主要侧重于对新知识、新技术的培训。

第四节　培训效果评估

一、培训效果评估的作用

在企业培训的某一项目或某一课程结束后，一般要对培训效果进行一次总结性的评估或检查，以便找出受训者究竟有哪些方面的收获与提高。

培训效果评估是一个完整的培训流程的最后环节，它既是对整个培训活动实施成效的评价与总结，同时评估结果又为下一个培训活动确定培训需求提供了重要信息，是以后培训活动的重要输入。在运用科学的方法和程序获取培训活动的系统信息前提下，培训效果评估能够帮助企业决策者做出科学的决策，提高培训项目的管理水平，并确保培训活动实现所制定的目标。

（一）培训效果评估是整个培训系统模型的重要组成部分

在整个培训系统中，培训效果评估是一个非常重要的组成部分。没有培训效果评估，整个培训系统将不完整。一个完整的培训系统模型，应该从组织、工作和个人三方面进行分析，确定培训需求；然后进行培训目标的确定，通过确定培训目标，可以确定培训的对象、内容、时间和方法等；接下来是进行培训计划的拟订，这是培训目标的具体化和操作化；下一步是实施培训活动；最后一步便是培训效果评估。在进行评估时，通过对整个培训项目的成本收益或存在的问题进行总结，为下次培训项目的开展和改进提供有力的帮助。

（二）培训效果评估是培训循环系统的一个关键环节

培训过程应该是一个系统性的循环过程。在这个循环系统中，培训效果评估同样是整个过程的重要环节，属于独立的核心部分，是整个培训系统的一部分，而不是一个孤立的环节，它的变化将影响许多其他子系统的变化。培训效果评估在整个培训系统中有重要的地位，它会给培训过程其他环节带来益处。

（三）培训效果评估可以提高培训的地位

企业培训不同于学校教育。学校教育是一种文化活动，其宗旨是提高全民文化素质，而不要求立即获得现实的经济利益。但是，企业培训通常由企业自身承担，需要消费企业的稀缺资源。培训效果评估能够反映出培训对于企业的作用，同时也充分体现出人力资源部门在组织中的重要作用。特别是在评估中采用一些定量指标进行分析，能够让组织中的每个员工和管理者看到培训投资的有效性，证明培训投资决策的正确性。提高组织管理者对培训的重视，加大对培训的投入。

二、培训效果评估的内容

有关培训效果评估的最著名模型是由柯克帕特里克提出的。从评估的深度和难度看，柯克帕特里克的模型包括反应层、学习层、行为层和结果层四个层次。人力资源培训人员要确定最终的培训评估层次和内容，因为这将决定要收集的数据种类。

（一）反应层评估

反应层评估是指受训人员对培训项目的看法，包括对材料、讲师、设施、方法和内容等的看法，这些反应可以作为评估培训效果的内容和依据。反应层评估的主要方法是问卷调查。问卷调查是在培训项目结束时，收集受训人员对于培训项目的效果和有用性的反应，受训人员的反应对于重新设计或继续培训项目至关重要。反应问卷调查易于实施，通常只需要几分钟的时间。

（二）学习层评估

学习层评估是目前最常见也最常用到的一种评价方式。它是测量受训人员对原理、事实、技术和技能的掌握程度。学习层评估的方法包括笔试、技能操练和工作模拟等。培训组织者可以通过笔试绩效考核等方法来了解受训人员培训后在知识以及技能方面有多大程度的提高。

（三）行为层评估

行为层评估通常发生在培训结束后的一段时间，由上级、同事或客户观察受训人员，确定其行为在培训前后是否有差别，他们是否在工作中运用了培训中学到的知识。这个层次的评估可以包括受训人员的主观感觉、下属和同事对其培训前后行为变化的对比以及受训人员本人的自评。这种评价方法要求人力资源部门与职能部门建立良好的关系，以便不断获得员工的行为信息。

（四）结果层评估

结果层评估上升到组织的高度，即评估组织是否因为培训而经营得更好。这可以通过一些指标来衡量，如事故率、生产率、员工流动率、质量、员工士气以及企业对客户的服务等。通过对这些组织指标的分析，企业能够了解培训带来的收益。例如，人力资源开发人员可以通过比较培训前后的事故率，分析事故率的下降有多大程度归因于培训，确定培训对组织整体的贡献。

三、培训效果评估的方法

（一）培训效果的定性、定量评估方法

1.培训效果的定性评估方法

培训效果的定性评估方法是指评估者在调查研究、了解实际情况的基础之上，根据自己的经验和相关标准，对培训效果做出评价的方法。这种方法的特点在于评估的结果只是一种价值判断，如"培训整体效果较好""培训讲师教学水平很高"之类的结论，因此它适合于对不能量化的因素进行评估，如员工工作态度的变化。目前国内大多数企业采用这种培训评估方法。

2. 培训效果的定量评估方法

定性评估方法只能对培训活动和受训人员的表现做出原则的、大致的、趋向性的判断，而定量评估方法能对培训作用的大小、受训人员行为方式改变的程度及企业收益多少给出数据解释，通过调查统计分析来发现和阐述行为规律。从定量分析中得到启发，然后以描述形式来说明结论，这在行为学中是常见的处理方法。

（二）培训效果评估的主要技术方法

培训效果评估技术通过建立培训效果评估指标及评估体系，对培训的成效进行检查与评价，把评估结果反馈给相关部门。它可作为下一步培训计划与培训需求分析的依据之一。下面介绍几种培训效果评估的技术方法。

1. 目标评价法

目标评价法要求在制订培训计划时，将受训人员完成培训计划后应学到的知识、技能，应改进的工作态度及行为，应达到的工作绩效标准等目标列入其中。培训课程结束后，应将受训者的测试成绩和实际工作表现与既定培训目标相比较，得出培训效果作为衡量培训效果的根本依据。目标评价法操作成功的关键在于确定培训目标，所以在培训实施之前企业应制定具有可确定性、可检验性和可衡量性的培训目标。

2. 绩效评价法

绩效评价法是由绩效分析法衍生而来的，它主要用于评估受训者行为的改善和绩效的提高。绩效评价法要求企业建立系统而完整的绩效考核体系。在这个体系中，要有受训者培训前的绩效记录。在培训结束 3 个月或半年后，对受训者再进行绩效考核时，只有对照以前的绩效记录，企业才能明确地看出培训效果。

3. 关键人物评价法

所谓的关键人物是指与受训者在工作上接触较为密切的人，可以是他的上级、同事，也可以是他的下级或者顾客等。有研究发现，在这些关键人物中，同级最熟悉受训者的工作状况，因此，可采用同级评价法，向受训者的同级了解其培训后的改变。这样的调查通常很容易操作，可行性强，能够提供很多有用信息。

4. 测试比较法

无论是国内的学者还是国外的学者，都将员工通过培训学到的知识、原理和技能作为企业培训的效果。测试比较法是衡量员工知识掌握程度的有效方法。在实践中，企业会经常采用测试法评估培训效果，但效果并不理想，原因在于没有加入任何参照物，只是进行简单的测试。而有效的测试法应该是具有对比性的测试比较评价法。

5. 收益评价法

企业的经济性特征迫使企业必须关注培训的成本和收益。培训收益评价法就是从经济角度综合评价培训项目，计算出培训为企业带来的经济收益。

这五种培训效果评估方法，一般可以多种方法联合使用。企业在操作中，可以利用一些常用的工具，如问卷调查、座谈会、面谈、观察等，取得相关数据，再将两组或多组不同的数据进行分析比较。

第四章 人力资源管理职能的战略转型与优化

第一节 人力资源管理职能的战略转型

一、以战略和客户为导向的人力资源管理

近年来，随着全球化步伐的加快，经营环境的复杂化，技术进步尤其是网络和信息技术的突飞猛进，员工队伍、社会价值观以及组织所处的内外部环境都发生了很大的变化，这些情况使组织中的人力资源管理职能面临着越来越严峻的挑战。在这种情况下，出现了很多关于人力资源管理职能变革的想法。如人力资源管理应当从关注运营向关注战略转变；从警察式的监督检查向形成业务部门的伙伴转变；从关注短期向关注长期转变；从行政管理者向咨询顾问转变；从以职能管理为中心向以经营为中心转变；从关注内部向关注外部和客户转变；从被动反应向主动出击转变；从以完成活动为中心向以提供解决方案为中心转变；从集中决策向分散决策转变；从定性管理向定量管理转变；从传统方法向非传统方法转变；从狭窄视野向广阔视野转变等。

毋庸置疑，上述想法都有一定道理，但必须强调的一点是，人力资源管理职能的战略转变并不意味着人力资源管理彻底抛弃过去所做的一切，相反，现代人力资源管理职能必须在传统和现代之间找到一个适当的平衡点，只有这样才能为组织的经营和战略目标的达成提供附加价值，帮助组织在日益复杂的环境中获得竞争优势。

人力资源管理在一个组织的战略制定以及执行过程中起着非常重要的作用，它不仅要运用于组织制定战略的过程中，而且要负责通过制定和调整人力资源管理方案和计划来帮助组织制定的战略被贯彻和执行。然而，人力资源管理职能部门要想在组织中扮演好战略性的角色，就必须对传统的人力资源管理职能进行重新定位；同时，要围绕新的定位来调整本部门的工作重点及在不同工作活动中所花费的时间。

如果想把人力资源管理定位为一种战略性职能，就必须把人力资源部门当成是一个独立的经营单位，它具有自己的服务对象，即内部客户和外部客户。为了向各种内部客户提供有效的服务，这个经营单位需要做好自己的战略管理工作，在组织层面发生的战略规划设计过程同样可以在人力资源管理职能的内部进行。近年来，在人力资源管理领域中出现了一个与全面质量管理哲学一脉相承的新趋势，那就是企业的人力资源部门应当采取一种以客户为导向的方法来履行各种人力资源管理职能，即人力资源管理者把人力资源管理职能当成一个战略性的业务单位，从而根据客户基础、客户需要以及满足客户需要的技术等来重新界定自己的业务。

以客户为导向是人力资源管理在试图向战略性职能转变时所发生的一个最为重要的变化。这种变化的第一步就是要确认谁是自己的客户。需要得到人力资源服务的直线管理人员显然是人力资源部门的客户；组织的战略规划团队也是人力资源部门的客户，因为这个小组也需要在与人有关的业务方面得到确认、分析并且获得建议；此外，员工也是人力资源管理部门的客户，他们与组织确立雇佣关系后获得的报酬绩效评价结果、培训开发计划以及离职手续的办理等，都是由人力资源部门来管理的。

第二步是确认人力资源部门的产品有哪些。直线管理人员希望获得忠诚、积极、高效且具有献身精神的优秀员工，战略规划团队不仅需要在战略规划过程中获得各种信息和建议，而且需要在战略执行过程中得到诸多人力资源管理方面的支持；员工则期望得到一套具有连续性、充足性以及公平性特征的薪酬福利计划，同时还希望能够得到公平的晋升以及长期的职业生涯发展机会。

第三步是人力资源部门要清楚，自己应通过哪些技术来满足这些客户的需要。客户的需要是不同的，因此，运用的技术也应该是不同的。人力资源部门建立的甄选系统必须能够确保所有被挑选出来的求职者都具有为组织带来价值增值所必需的知识技术和能力。培训和开发系统则需要通过为员工提供发展机会来确保他们不断增加个人的人力资本储备，为组织获取更高的价值，从而最终满足直线管理人员和员工双方的需要。绩效管理系统则需要向员工表明，组织对他们的期望是什么，它还要向直线管理人员和战略制定者保证，员工的行为将与组织的目标保持一致。此外，报酬系统需要为所有的客户（直线管理人员、战略规划人员以及员工）带来收益。总之，这些管理系统必须向直线管理人员保证，员工将运用他们的知识和技能服务于组织的利益；同时，它们还必须为战略规划人员提供相应的措施，以确保所有的员工都采取对组织的战略规划具有支持性的行为。最后，报酬系统还必须为员工所做的技能投资及其所付出的努力提供等价的回报。

人力资源管理部门的客户除了组织的战略规划人员、直线经理以及员工外，还有另外一类非常重要的客户，即外部求职者。在当前人才竞争日益激烈的环境中，人力资源部门及其工作人员在招募、甄选等过程中表现出的专业精神、整体素质、组织形象等，不仅直接关系到组织是否有能力雇用到高素质的优秀员工，而且对组织的雇主品牌塑造，在外部劳动力市场上的形象都有重要的影响。因此，人力资源部门同样应当关注这些外部客户，设法满足他们的各种合理需求。

二、人力资源管理职能的工作重心调整

在现实中，很多企业的人力资源管理者经常抱怨自己不受重视。他们认为，他们在招聘、培训、绩效薪酬等很多方面做了大量工作，受了不少累，但却没有真正受到最高领导层的重视，一些工作得不到高层的有力支持，很多业务部门也不配合，自己就像是在"顶着磨盘跳舞——费力不讨好"。为什么会出现这种情况呢？除了组织自身的问题，与人力资源管理部门及其工作人员未能围绕组织战略的要求调整自己的工作重心，未能合理安排在各种不同的工作活动中投入时间和精力也有很大的关系。从理想的角度来说，人力资源管理职能在所有涉及人力资源管理的活动中都应该非常出色，但是在实践中，由于面临时间、经费以及人员等方面的资源约束，人力资源管理职能想要同时有效地承担所有工作活动通常是不可能的。于是，人力资源部门就必须进行这样一种战略思考，即应当将现有的资源分配到哪里以及如何进行分配，才最有利于组织的价值最大化。

对人力资源管理活动进行类别划分的方法之一是将其归纳为变革性活动、传统性活动和事务性活动。变革性活动主要包括知识管理、战略调整和战略更新、文化变革、管理技能开发等战略性人力资源管理活动；传统性活动主要包括招募和甄选、培训、绩效管理、薪酬管理、员工关系等传统的人力资源管理活动；事务性活动主要包括福利管理、人事记录、员工服务等日常性事务活动。

在企业中，这三类活动耗费人力资源专业人员的时间比重大体上分别为 5% ~ 15%、15% ~ 30% 和 65% ~ 75%。显然，大多数人力资源管理者把大部分时间花在了日常的事务性活动上，在传统性人力资源管理活动上花费的时间相对较少，在变革性人力资源管理活动上所花费的时间更是少得可怜。事务

性活动的战略价值较低；传统性人力资源管理活动尽管构成了确保战略得到贯彻执行的各种人力资源管理实践和制度，也只具有中度的战略价值；而变革性人力资源管理活动则由于帮助企业培育长期发展能力和适应性而具有最高的战略价值。由此可见，人力资源管理者在时间分配方面显然存在问题。他们应当尽量减少在事务性活动和传统性活动上花费的时间，更多地将时间用于具有战略价值的变革性活动。如果人力资源专业人员在这三种活动上的时间分配能够调整到 25% ~ 35%、25% ~ 35% 和 15% ~ 25%，即增加他们在传统性尤其是变革性、人力资源管理活动方面花费的时间，那么人力资源管理职能的有效性必能得到大幅提高，为企业提供更多的附加价值。

然而，压缩人力资源管理职能在事务性活动上所占用的时间并不意味着人力资源部门不再履行事务性人力资源管理活动；相反，人力资源部门必须继续履行这些职能，只不过通过一种更为高效的方式来完成这些活动。

三、人力资源专业人员的角色

在人力资源管理职能面临更高要求的情况下，人力资源专业人员以及人力资源部门应如何帮助组织赢得竞争优势以及实现组织的战略目标呢？人力资源管理者以及人力资源部门在组织中应当扮演好哪些角色呢？很多学者和机构都对此进行了研究。

卡罗尔（Carrol）提出，人力资源管理专业人员主要应当扮演好三个方面的角色，即授权者、技术专家以及创新者。授权者是指人力资源管理人员授权直线管理人员成为人力资源管理体系的主要实施者；技术专家是指人力资源专业人员从事与薪酬以及管理技能开发等有关的大量人力资源管理活动；创新者是指人力资源管理者需要向组织推荐新的方法来帮助组织解决各种与人力资源管理有关的问题，如生产率的提高以及由疾病导致的员工缺勤率突然上升等。

斯托雷（Storey）在 20 世纪八九十年代广泛参与了在英国开展的关于人力

资源管理特点的大讨论，他基于干涉性—不干涉性和战略性—策略性这两个维度，提出人力资源管理者及其部门应当扮演顾问、仆人、管制者以及变革实现者四种角色。顾问是指人力资源管理者应当了解人力资源管理领域的各种最新进展，然后让直线管理人员来实施各种相关的变革；仆人是指人力资源管理者在提供服务时要以客户为导向，努力成为直线管理人员的助手和服务者；管制者是指人力资源管理者需要制定和宣传各项雇佣规则并且负责监督执行情况，这些规则既包括公司的各项人事程序手册，也包括与工会签订的集体合同；变革实现者，则是说人力资源管理者应当根据组织的经营需要，将员工关系置于一套新的基础之上。

在人力资源管理者以及人力资源管理部门所扮演的角色方面，密歇根大学的戴维·乌尔里奇（Dave Ulrich）教授也提出了一个简明分析。乌尔里奇认为，一个组织的人力资源部门所扮演的角色和职责主要反映在两个维度上：一是人力资源管理工作的关注点是什么；二是人力资源管理的主要活动内容是什么。从关注点来说，人力资源管理既要关注长期的战略层面的问题，同时也要关注短期的日常操作层面的问题。从人力资源管理活动的内容来说，人力资源管理既要做好对过程的管理，同时也要做好对人的管理。基于这两个维度，产生了人力资源管理需要扮演的四个方面的角色，即战略伙伴、行政专家、员工支持者以及变革推动者。

1. 战略伙伴

这一角色的主要功能是对战略性的人力资源进行管理。也就是说，人力资源管理者需要识别能够促成组织战略实现的人力资源及其行为和动机，将组织确定的战略转化为有效的人力资源战略和相应的人力资源管理实践，从而确保组织战略的执行和实现。人力资源管理者通过扮演战略伙伴的角色，能够把组织的人力资源战略和实践与组织的经营战略结合起来，从而提高组织实施战略的能力。

2. 行政专家

这一角色的主要功能是对组织的各种基础管理制度进行管理，要求人力资源管理者能够通过制定有效的流程来管理好组织内部的人员配置、培训、评价、报酬、晋升以及其他事务。尽管人力资源管理职能向战略方向转变的趋势在加强，但是这些传统角色对于成功经营一个组织来说仍然是不可或缺的。作为组织的基础管理责任人，人力资源管理者必须能够确保这些组织流程的设计和实施的高效率。实现这一目标有两条途径：一是通过重新思考价值创造过程，调整和优化组织的人力资源管理制度、流程以及管理实践，从而提高效率；二是通过雇佣、培训和回报帮助组织提高生产率降低成本，从而提升组织的总体效率。在人力资源管理流程再造的过程中，很多组织都采用了共享人力资源服务中心的新型人力资源部门结构设计。

3. 员工支持者

这一角色的主要功能是对员工的贡献进行管理，即将员工的贡献与组织经营的成功联系在一起。人力资源管理专业人员可以通过两条途径来确保员工的贡献能够转化为组织经营的成功，一是确保员工具有完成工作所需要的能力。二是确保他们有勤奋工作的动机以及对组织的承诺。无论员工的技能水平多高，只要他们与组织疏远，或者内心感到愤愤不平，他们就不可能为企业的成功贡献力量，并且也不会在组织中工作太长的时间。为了扮演好员工支持者的角色，人力资源部门及其工作者必须主动倾听员工的想法，了解他们在日常工作中遇到的问题、他们关注的事情以及他们的需要。人力资源部门不仅自己要扮演好员工的倾听者和激励者的角色，而且要通过培训、说服以及制度引导的方式，确保员工的直接上级也能够了解员工的想法以及他们的意见和建议。只有这样，才能真正建立员工和组织之间的心理契约，积极主动地开发人力资源，把员工的贡献和组织经营的成功真正联系起来。

4.变革推动者

这一角色的主要功能是对组织的转型和变革过程进行管理。转型意味着一个组织要在内部进行根本性的文化变革。人力资源专业人员既要做组织文化的守护神，也要成为文化变革的催化剂，积极促成必要的组织文化变革，从而帮助组织完成更新过程。在组织变革的过程中，人力资源专业人员要帮助组织确认并实施变革计划，其中可能涉及的活动主要包括：找出并界定问题、建立信任关系、解决问题、制定并实施变革计划等。在当今这个急剧变化的竞争关系中，人力资源管理者必须确保组织拥有能够持续不断进行变革的能力，并且帮助组织确定是否有必要进行变革以及对变革的过程进行管理。变革推动者的角色，还要求人力资源专业人员在尊重组织历史文化的基础上，帮助员工顺利地接受和适应新文化。研究表明，能否扮演好变革推动者的角色，可能是决定一个组织的人力资源管理工作是否能够取得成功的最为重要的因素。

第二节　人力资源管理职能的优化

一、循证人力资源管理

（一）循证人力资源管理的内涵

目前，企业已经充分认识到人力资源管理对于组织战略目标的实现和竞争优势的获得具有的重要战略作用。不仅是人力资源专业人员，组织内各级领导者和管理者在人力资源管理方面投入的时间、精力、金钱也逐渐增多。组织期望自己的人力资源管理政策和实践能够帮助自己吸引、招募和甄选到合适的员工进行科学合理的职位设计和岗位配备，实现高效的绩效管理和对员工的薪酬激励等。但是，随着人力资源管理的投入不断增加，企业也产生了一些困惑。其中的一个重要疑问就是，这些人力资源管理政策、管理活动以及资金投入是否产生了合理的回报，达到了预期的效果？这就要求对组织的人力资源管理活动进行科学的研究和论证，以可靠的事实和数据来验证人力资源管理的有效性，进而不断实施改进：不能仅仅停留在一般性的人力资源管理潮流惯例甚至各种似是而非的"说法"上。这种做法被称为"循证人力资源管理"，又被译为"实证性人力资源管理"，或基于事实的人力资源管理。

循证的实质是强调做事要基于证据，而不是模糊的设想或感觉等。它起源于 20 世纪末兴起的循证医学。有越来越多的政府机构和公共部门决策者开始意识到循证政策的重要性。循证管理的中心思想就是要把管理决策和管理活动建立在科学依据之上，通过收集、总结、分析和应用最佳最合适的科学证据来进行管理，对组织结构、资源分配、运作流程、质量体系和成本运营等做出决策，不断提高管理效率。

循证人力资源管理实际上是循证管理理念在人力资源管理领域的一种运用，它是指运用数据、事实、分析方法、科学手段、有针对性地评价以及准确的案例研究，为人力资源管理方面的建议、决策、实践以及结论提供支持。简言之，循证人力资源管理就是审慎地将最佳证据运用于人力资源管理实践的过程。循证人力资源管理的目的就是要确保人力资源管理部门的管理实践对组织的收益或者其他利益相关者（员工、客户、社区、股东）产生积极的影响。并且能够证明这种影响的存在。循证人力资源管理通过收集关于人力资源管理实践与生产率、流动率、事故数量、员工态度以及医疗成本之间的关系的数据，可以向组织表明，人力资源管理确实能对组织目标的实现做出贡献，它对组织的重要性，实际上和财务、研发以及市场营销等是一样的。组织对人力资源项目进行投资是合理的。例如，循证人力资源管理可以回答这样一些问题："哪一种招募渠道能够给公司带来更多有效的求职者？""在新实施的培训计划下，员工的生产率能够提高多少？""员工队伍的多元化给组织带来的机会多还是风险多？"从本质上说，循证人力资源管理代表的是一种管理哲学，即用可获得的最佳证据来代替陈旧的知识、个人经验、夸大的广告宣传、呆板的教条信念以及盲目的模仿，摒弃"拍脑袋决策"的直觉式思维，使人力资源决策牢固建立在实实在在的证据之上，同时证明人力资源管理决策的有效性。

在对很多组织的人力资源管理实践进行考察后不难发现，很多人力资源管理决策都缺乏科学依据，通常依靠直觉和经验行事，这不仅难以保证人力资源决策本身的科学合理，同时也无法证明或者验证人力资源管理活动对于组织的战略和经营目标实现做出的实际贡献，导致人力资源管理在很多组织中处于一种比较尴尬的境地。因此，学会基于事实和证据来实施各项人力资源管理活动，可以产生两个方面的积极作用：一是确保并且向组织中的其他人证明人力资源管理确实在努力为组织的研发生产技术营销等方面提供有力的支持，而且对组织战略目标的实现做出了实实在在的贡献；二是考察人力资源管理活动在实现某些具体目标和有效利用预算方面取得的成效，从而不断改善人力资源管理活动的效率和效果。

（二）循证人力资源管理的路径

人力资源管理者在日常工作中要如何实现循证人力资源管理呢？总的来说，如果人力资源管理者在日常管理实践中注意做好以下四个方面的工作。将有助于贯彻循证人力资源管理的理念，提高人力资源管理决策的质量，增加人力资源管理对组织的贡献。

1.获取和使用各种最佳研究证据

最佳研究证据，是指经过同行评议或同行审查的质量最好的实证研究结果，这些结果通常是公开发表的并且经过科学研究的证据。在科学研究类杂志（主要是符合国际学术规范的标准学术期刊）上发表的文章都是按照严格的实证标准要求并经过严格的评审的，这类研究成果必须达到严格的信度和效度检验要求。举例来说，在一项高质量的实证研究中，想要研究绩效标准的高低对员工绩效的影响，通常会使用一个控制组（或对照组），即在随机分组的情况下。要求两个组完成同样的工作任务（对实验组的绩效标准要求较高），然后考虑两组的实际绩效水平差异。而在另外一些情况中，则需要采取时间序列型的研究设计。例如，在考察晋升决策对员工工作状态的影响时，可以在晋升之前对晋升候选人的工作积极性或绩效进行评估；在晋升决策公布之后，再次考察这些人的工作积极性或工作绩效。当然，有时无法在理想状态下进行实证研究，但能够控制住一些误差（尽管不能控制所有误差）的实证研究也具有一定的价值。这种证据对于改进人力资源决策质量多多少少会有一些好处，不过最好能搞清楚哪些证据是可用的以及应当如何使用这些证据。

2. 了解组织实际情况，掌握各种事实、数据以及评价结果

要系统地收集组织的实际状况、数据、指标等信息，确保人力资源管理决策或采取的行动建立在事实基础之上。即使是在使用上面提到的最佳实证研究证据时，也必须考虑到组织的实际情况，从而判断哪些类型的研究结果是有用的。总之，必须将各种人力资源判断和决策建立在尽可能全面和准确把握事实的基础之上。例如，当组织希望通过离职面谈发现导致近期员工流动的主要原因，而很多离职者都提到了组织文化和领导方式的问题时，人力资源管理人员就应当继续挖掘，搞清楚到底是组织文化和领导方式中的哪些特征造成了员工流失。只有揭示了某种情况的具体事实，才能轻松找到适当的证据来确认导致问题出现的主要原因，同时制定并落实解决该问题的措施。关于组织实际情况的事实既可能会涉及相对软性的因素，如组织文化、员工的教育水平、知识技能以及管理风格等，也可能会涉及比较硬性的因素，如部门骨干员工流动率、工作负荷以及生产率等。

3.利用人力资源专业人员的科学思考和判断

人力资源专业人员可以借助各种有助于减少偏差，提高决策质量，能够实现长期学习的程序、实践以及框架的支持，做出科学的分析和判断。有效证据的正确使用不仅有赖于与组织的实际情况相关的高质量科学研究结果，还有赖于人力资源决策过程。这是因为证据本身并非问题的答案，需要放在某个具体的情况中考虑，即要想做出明智的判断和高质量的人力资源决策，还需要对得到的相关证据和事实进行深入思考，不能拿来就用。但问题在于，由于所有人都会存在认知局限，在决策中不可避免地会存在各种偏差。这就需要采取一些方法和手段帮助我们做出相对科学和客观的决策。幸运的是，在这方面，一些经过论证以及实际使用效果很好的决策框架或决策路径能够提醒决策者注意到一些很可能会被忽视的特定的决策影响因素。例如，一个组织正在设法改进新入职员工的工作绩效。多项实证研究结果表明，在其他条件一定的情况下。在通用智力测试中得分较高的人的工作绩效也较好。那么，让所有的求职者参加通用智力测试能否确定员工入职后的绩效呢？显然不一定。如果这些求职者是最好的学校中成绩最好的毕业生，那么，这种测试实际上已经暗含在组织的甄选标准中。在这种情况下，人力资源管理人员就要判断，影响新入职员工绩效的还有哪些因素，如他们是否具备特定职位所要求的特定技能，或者是否存在需要解决的某种存在于工作环境之中的特定绩效问题，如上级的监督指导不够、同事不配合等。总之，在批判性思考的基础上仔细对情境因素进行分析，找到一个能够对各种假设进行考察的决策框架，了解事实和目标等，将有助于得出更为准确的判断和解释。

二、优化人力资源管理职能的方式

为了提高人力资源管理职能的有效性，组织可以采取结构重组、流程再造、人力资源管理外包以及人力资源管理电子化等几种不同的方式。

（一）人力资源管理结构重组

传统的人力资源管理结构主要围绕员工配置培训薪酬、绩效以及员工关系等人力资源管理的基本职能，是一种典型的职能分工形式。这种结构的优点是分工明确、职能清晰，但是问题在于，人力资源部门只了解组织内部全体员工某一个方面的情况，如员工所受过的培训或员工的薪酬水平、绩效状况等，对某一位员工尤其是核心员工的各种人力资源状况没有整体性的了解、导致人力资源部门在吸引、留住、激励以及开发人才方面为组织做出的贡献大打折扣；同时，由于各个人力资源管理的职能模块各行其是，人力资源管理职能之间的匹配性和一致性较差，无法满足战略性人力资源管理的内部契合性要求，从而使人力资源管理工作的整体有效性受到损害。因此，有越来越多的组织认识到，传统的人力资源部门结构划分需要重新调整。

近年来，很多大公司都开始实施一种创新性的人力资源管理职能结构。在这种结构中，人力资源管理的基本职能被有效地划分为三个部分：专家中心，现场人力资源管理者以及服务中心。专家中心通常由招募、甄选、培训及薪酬等传统人力资源领域中的职能专家组成，他们主要以顾问的身份来开发适用于组织的各种高水平人力资源管理体系和流程。现场人力资源管理者由人力资源管理多面手组成，他们被分派到组织的各个业务部门，具有双重工作汇报关系，既要向业务部门的直线领导者报告工作，又要向人力资源部门的领导报告工作。这些现场人力资源管理者主要承担两个方面的责任：一是帮助自己所服务的业务部门的直线管理者从战略的高度来强化人的问题，解决作为服务对象的特定业务部门中出现的各类人力资源管理问题，相当于一个被外派到业务部门的准人力资源经理；二是确保人力资源管理决策能够在整个组织得到全面、有效地执行，从而强化帮助组织贯彻执行战略的功能。在服务中心工作的人的主要任务是确保日常的事务性工作能够在整个组织中有效完成。在信息技术不断发展的情况下，服务中心能够非常有效地为员工提供服务。

这种组织结构安排通过专业化的设置改善了人力资源服务的提供过程，真正体现了以内部客户为导向的人力资源管理思路。专家中心的员工可以不受事务性工作的干扰，专注于开发自己现有的职能性技能。现场人力资源管理者则可以集中精力来了解本业务部门的工作环境，不需要竭力维护自己在专业化职能领域中的专家形象。最后，服务中心的员工可以把主要精力放在为各业务部门提供基本的人力资源管理服务方面。

此外，从激励和人员配备的角度来看，这种新型的人力资源部门结构设计方式也有其优点。过去，由于人力资源管理职能是按模块划分的，每一位人力资源管理专业人员都陷入了本职能模块必须完成的事务性工作。尽管在一些人力资源管理专业人员的工作中有一小部分需要较高水平的专业知识和技能才能完成的工作，但是大部分工作都属于日常事务性工作，导致一些人力资源管理工作者感觉工作内容枯燥缺乏挑战性。新型的人力资源部门结构根据工作的内容的复杂性和难度设计的三层次人力资源部门结构可以让相当一部分人力资源管理专业人员摆脱日常事务性工作的束缚，集中精力做专业性的工作；同时还可以让一部分高水平的人力资源管理工作者完全摆脱事务性的工作，发挥他们在知识、经验和技能上的优势，重点研究组织在人力资源管理领域中存在的重大问题，从而为人力资源管理职能的战略转型和变革打下良好的基础。这无疑有助于组织的人力资源管理达到战略的高度，同时也有利于增强对高层次人力资源管理专业人员的工作激励。

（二）人力资源管理流程再造

流程是指一组能够一起为客户创造价值的相互关联的活动进程，是一个跨部门的业务行程。流程再造，也称"业务流程再造"（Business Process Reenginering，BPR），是指对企业的业务流程尤其是关键或核心业务流程进行根本的再思考和彻底的再设计，其目的是使这些工作流程的效率更高，生产出更好的产品或提高服务质量，同时更好地满足客户需求。虽然流程再造通常需要运用信息技术，但信息技术并不是流程再造的必要条件。从表面上看，流程再造只是对工作流程的改进，但流程再造实际上对员工的工作方式和工作技能等方面都提出了全新的挑战。因此，组织的业务流程再造过程需要得到员工的配合并做出相应的调整，否则很可能会以失败告终。

流程再造的理论与实践起源于 20 世纪 80 年代后期，当时的经营环境以客户、竞争以及快速变化等为特征，而流程再造正是企业为最大限度地适应这一时期的外部环境变化而实施的管理变革。它是在全面质量管理、精益生产、工作流程管理、工作团队、标杆管理等一系列管理理论和实践的基础上产生的，是对专业分工细化及组织科层制的一次全面反思和大幅改进。

（三）人力资源管理外包

除了通过内部的努力来实现人力资源管理职能的优化，很多企业近年来还探讨了如何通过外包的方式来改善人力资源管理的系统流程以及服务的有效性。外包通常是指一个组织与外部的专业业务承包商签订合同，让它们为组织提供某种产品或者服务，而不是用自己的员工在本企业内部生产这种产品或服务。

很多组织选择将部分人力资源管理活动或服务外包的主要原因有以下四点。

第一，与组织成员自己完成外包的工作内容相比，外部的专业化生产或服务提供商能够以更低的成本提供某种产品或服务，从而使组织可以通过外购服务或产品降低生产或管理成本。

第二，外部的专业业务承包商有能力比组织自己更有效地完成某项工作。之所以出现这种情况，是因为这些外部服务提供者通常是某一方面的专家。由于专业分工的优势，它们能够建立和培育起一系列可以适用于多家企业的综合性专业知识、经验和技能，因此这些外部生产或服务承包商所提供的产品或服务的质量通常较高。但事实上，很多组织一开始都是出于效率方面的考虑才寻求业务外包的。

第三，人力资源管理服务外包有助于组织内部的人力资源管理工作者集中精力做好对组织具有战略意义的人力资源管理工作，摆脱日常人力资源管理行政事务的困扰，从而使人力资源管理职能对于组织的战略实现做出更大、更显著的贡献，真正进入战略性人力资源管理的层次。

第四，有些组织将部分人力资源管理活动外包是因为组织本身规模较小，没有能力自行完成相关的人力资源管理活动，只能借助外部的专业化人力资源管理服务机构来提供某些特定的人力资源管理服务，如建立培训体系、设计培训课程等。

第五章　战略人力资源管理对企业绩效的影响

第一节　战略人力资源管理概述

一、相关概念的界定

（一）战略人力资源管理的概念界定

"战略人力资源管理"这个概念出现在 20 世纪 70 年代末，由国外学者沃克（Walker）在他的《人力资源管理：一个战略观点》一书中提出，他认为企业能够实现目标所进行和所采取的一系列有计划、具有战略性意义的人力资源部署和管理行为就是战略人力资源管理。在该书中，他第一次提出企业的战略规划和人力资源规划应保持一致的理论。于是，诞生了战略人力资源管理这个理论。该理论问世之后，受到不少学者的关注，并展开了对该理论的研究。

20 世纪 80 年，德瓦纳（Devanna）等学者在深入地研究后，建立了战略人力资源管理基本框架，推动该项理论研究的发展。研究表明，战略人力资源管理所涉及的几大要素，例如具体的战略等需要伴随着地区大环境的变化而主动、适时地进行调整，积极整合自身的内部资源，从而保持和外部环境的适应性，从而保持战略人力资源管理系统的完善性，始终将人力资源摆放在战略的高度。

20世纪80年代中期，舒勒（Schuler）在研究后指出，企业的战略人力资源管理要保持动态状态，经营者应根据企业的内外部环境，积极整合资源，主动调整管理规划，才能保障人力资源管理与企业的战略性保持一致，并不与企业的传统职能结构发生冲突。在此基础上，还需要加强员工对此项管理工作重要性的认识。

20世纪90年代，怀特（Wright）和麦克马汉（McMahan）两位学者指出，所谓的战略人力资源管理，就是企业对之前的人力资源管理工作进行调整，使其始终围绕着自身制定的战略目标而展开。总结起来，该概念包含四项内容：①重视人力资本，现代企业最大的竞争优势就是人才优势；②对人力资源进行科学的管理，能够最大限度地发挥出企业的人才优势，增强企业的竞争力，有利于在残酷的竞争市场中生存下去；③要想充分保持好战略人力资源管理的高度适配性，就要保障其各子系统之间的匹配；④具有较强的目标导向性，采用人力资源管理的手段去经营企业，以企业的发展作为目标，从而提升企业的绩效。

国内也有不少学者也对战略人力资源管理的概念进行了研究，如学者赵曙明，他将该概念定义为企业从更好地实现战略目标的角度出发，对人力资源制定详细的规划，以更好地应对外部环境变化的行为。

综上，战略人力资源管理是企业开展的人力资源管理活动。该活动的目的是增强企业的竞争力，提升企业的绩效，从而对企业的经营发展起到积极的支持作用。

（二）企业绩效的概念界定

关于企业绩效的界定，不少学者进行了深入的研究，从多角度探讨了该概念的具体内涵。

20 世纪 90 年代，学者董舜琪指出，企业绩效的主要内容为效果、效率和经济三方面：①效果指的是企业经营中取得的成绩，如产量、销售量和利润等，通常用具体的数字在财务表上表示出来；②效率指的是企业运行中投入和产出的比率，如资金使用率、劳动生产率等，通常表示为一个相对的数值；③经济指的是资源消耗的程度，如节约资金的数额或降低成本的效率等，既可以用绝对数表示，也可以反映为相对数。

20 世纪 90 年代后期，学者康佩尔（Compell）为了更加准确地揭示企业绩效的多种特性，采用的衡量标准多达 30 项。最终，他将研究结果总结为五项：①生产力，主要考量的是企业的生产资料；②整体绩效，来自企业的全体员工的评价；③员工满意度，采用问卷调查的方式获得；④利润和投资回报率，根据财务报表等相关资料获得；⑤人员的流动率，根据人事资料得出。

总而言之，学术界对于企业绩效展开了大量的研究。在这些研究者当中，他们抱着不同的目的研究该课题，因此，研究的关注点也有着较大的差异。但国外学者戴尔（Dyer）和里维斯（Reeves）在 20 世纪 90 年代提出的观点被许多学者所接受，并运用到自己的研究当中。许多学者在该课题的研究中，都会选取多个标准以更加全面地评价企业绩效。以下三个指标使用率最高：其一是人力资源产出，主要指的是员工的活动行为，如缺勤率、流动率等；其二是组织产出，指的是企业产品的质量和服务；其三是财务产出，指的是资产和投资的回报率等。

通过对早期研究文献的查阅，发现当时的研究采用的衡量指标主要为两大类：第一类是财务指标。即企业的经营成果在财务上的具体反映。主要包括利润率、投资报酬率与市场相对占有率等。这类指标具有明确、具体的特点，通常通过对各类数据进行计算的方法就可以获得。第二类是非财务指标。该类指标包括产品质量和服务产出率、员工的流动率、客户满意度等，是一个相对数。

按照这种分类方法，戴尔(Dyer)和里维斯(Reeves)的上述三项分类就变成两类，即人力资源产出与企业产出合并为非财务指标。通过整理和归纳，学术界关于企业绩效理论的研究主要包括以下两个方面。

第一，利益相关者。企业最主要的构成元素是人，包括内部员工和外部的群体，两者都对企业有着重大的影响作用。可以说，企业发展的好坏很大程度上取决于和企业有着关联的"人"。这些"人"主要包括四个群体：其一是股东，这类群体怀着企业能够持续发展的愿望，从而能够获得更高的投资收益；其二是客户，这类群体希望企业能够稳定运行，从而获得高性价比的产品或服务；其三是员工，该群体希望企业发展得更好，以获得自己期望的薪资水平；其四是社区，该类群体希望企业在稳定发展的同时，为社区建设投入一些资金支持，并降低资源的消耗比，最大限度地保护社区的环境。

第二，结果与过程并重。通过整理国外学者的研究资料，会发现企业绩效评估研究结果都证明了一个问题，即结果和过程应并重。企业不仅仅只关注重视绩效考核的结果，其产生的过程更加重要，因此，更应受到重视。在实际的生产经营中，企业对于过程应更加关注，才能及时发现存在的问题，积极采取有效的解决措施，从而保障生产经营的效率。也就是说，结果是过程的累积和状态反映，提高绩效的根本在于过程。两者有着十分紧密的联系。企业的经营者关注点通常集中在利润、产品质量、生产率以及成本等几个方面，以考量企业的绩效。但经营者的意愿能否达成，即企业是否具备良好的绩效，主要由员工的技能和工作态度以及组织设计和生产技术等因素决定，这些因素叫做绩效驱动因素。

根据大量的实践，人们发现，每个企业的组织结构形式和程序存在着差异，企业在制定战略规划时，通常依据自身的实际情况进行，从而带来不同的经济结果。而战略是否能够被成功执行，取决于以下几个重要因素：其一是组织结构；其二是工作分析与设计；其三是人力资源招聘和培训；其四是薪资等。如果将执行战略成功作为企业绩效评价的最终标准，上述的四个因素就成了提升绩效的关键。而它们都受到战略人力资源管理的影响，其中，组织结构受到影响相对较小，是一种间接的作用。而后四个因素受到战略人力资源管理的直接作用。因此，战略人力资源管理对企业的绩效有着重要的影响。

企业绩效的标准针对的对象是内部的全体员工，包含的主要内容是他们的工作态度、价值观、行为和关系，从而做出评价的标准。它可以分为两类：一类是硬性标准，这类标准能够通过直接计算的方法得出数值；另一类是软性标准，该类标准无法进行具体的计算。只有对这两类标准进行综合考量，才能得出较为全面的数据。企业定期展开绩效评估，能及时发现经营中存在的问题，掌握企业的实际情况，一方面能够优化管理措施，改善管理状况；另一方面作为企业经营者的决策依据。此外，制定企业绩效评价标准，还要考虑到另外两项指标：第一是财务数据具有的滞后性，第二是某些先导性指标，据此能够对企业的未来发展状况进行预测，企业可以充分利用该指标的指导作用。

因此，给出的企业绩效的定义是，一个企业中，全体员工完成企业指定的任务的效率叫作企业绩效，它表示的是企业员工绩效的结果。该结果受到多种因素的合理影响。主要有企业的科技水平、企业制度、资本量以及市场环境等。衡量某个企业的运营状况，企业绩效是一个主要的指标。绩效的高低代表着企业的竞争力的大小，对企业的发展起到了决定性的作用。通常，人力资源管理的结果就是人力资源管理绩效，而这也将对企业的经营发展产生至关重要的作用。之所以要探讨绩效同人力资源管理之间的内在联系，是为了验证后者怎样对前者产生影响及其程度。

二、相关理论基础

为了加强企业的竞争力，使得企业在激烈的竞争市场中占据一席之地，企业就必须采用各种措施，对人力资源进行管理。学术界对战略人力资源管理的研究主要有以下三个主要的理论作为基础和支撑。

（一）人力资本理论

人身上特有的一种无法看见的资源，在一定的条件下能够转换为金钱和物质，该资源就是人力资本，主要指掌握的知识、技能、才干等，其具有四种特性：①稀缺性，指的是一个人掌握的知识和技能，所具备的才干；②价值性，指的是知识和才能能够带来经济收益，该收益不仅仅包括个人的经济收益，还包括心理上的满足感，即心理收益以及社会收益；③不可替代性，指的是该资源的丰富性和变化性，无法被量化；④不可移动性，指的是该资源必须依附着主体而持续存在，无法被剥夺和消除。基于上述的特性，人力资本能够很好地适应企业的战略决策，增强企业的市场竞争优势。这就是人力资本的主要思想。

但有些学者对于人力资源管理活动对人力资本的提升作用有着不同的看法。如莫尔斯（Molls）、莱西（Lacey）、帕纳斯（Pames）等学者，他们运用人力资源管理活动的理论于企业人才的招聘、培训和薪酬方面。根据他们的研究发现，不少企业尽管也采取了多项措施开展人力资源管理活动，但在资金投入方面却没有任何增加。学者贝克（Becker）在20世纪60年代指出，员工的意愿对于企业的绩效起着决定性的作用。人力资本有两种主要方式：第一是企业建立成果导向绩效评价制度；第二是采用奖励金形式的薪资制度。这两种制度不但能够降低员工的离职率，还能有效地提升员工的工作积极性。学者许斯利德（Huslid）在研究后得出，以下三点能够提升人力资源政策的效率，提高企业绩效：其一是员工掌握的技能，技能也是一个变量，只有加强发展人力资本，才能不断提升员工的技能；其二是企业采用的激励制度，激发员工的工作热情，积极创新，才能充分发挥出自己的技能和能力；其三是有效的工作组织形式。通过员工的行为活动，对工作结构进行调整优化。此外，在投资人力资本时，应采用加薪升职等形式来激励员工，以调动他们的工作积极性。同时，他还指出，企业对某位员工进行人力资本投资，促使其提升了职业技能，就要对其进行重用，这样的人力资本投资才能获得成功。否则，就是无效投资。

由此可见，人力资本的投资效果受到不同方式的人力资源管理活动的影响。同时，也表明人力资本的投资有着多种类型。

（二）角色行为理论

员工的行为表现一座桥梁，将企业的战略和绩效连接起来。因此，企业应注重员工的行为管理，对其态度和行为进行有效的引导和合理的管控，这就是人力资源管理的工作内容。企业采用不同的经营战略，对员工的态度和行为有着不同的影响。因此，战略人力资源管理就要根据企业的战略，对员工的态度和行为进行有针对性的引导，促使他们做出调整和改变。同时，企业的人力资源内容也将随之改变。

卡茨（Katz）和卡恩（Kahn）两位学者在 20 世纪 70 年代末指出，角色包含着四类群体：第一类是个体角色；第二类是多重角色；第三类是多重角色的安排者；第四类是多重角色的评价者。这四类角色存在于组织系统内部，它们之间是相互依赖的关系，从而构成一个合成体。在深入的研究之后，他们认为，角色行为指的是个体身上存在的一种能够和组织内部其他个体的重复行为保持着密切的联系，同时能够被预见的重复行为。

弗雷德里克森（Frederiksen）在 20 世纪 80 年代指出，企业员工的期望和行为评价要想和企业的战略统一，只有通过有效的人力资源管理活动方式才能实现。根据角色行为理论，有的学者对人力资源管理活动进行了细分，分为三项内容：人力资源政策、人力资源实践和人力资源过程。他们认为，在这三项内容当中，人力资源实践最为重要，其能够有效调动员工的意愿，促使其思想和行为逐渐向企业的战略目标靠拢，成为企业所需要的角色。在这些角色行为当中，保持和战略一致的角色行为才能符合企业所需，有效提升企业绩效，帮助企业提高竞争力。

（三）资源基础理论

资源基础理论出现在 20 世纪的 50 年代，出自学者彭罗斯（Penrose）的《企业增长理论》一书中。该理论诞生之后，引起了众多学者的关注，被运用在许多战略人力资源管理研究中，成为一个重要的理论。该理论涉及战略人力资源管理对企业绩效影响的机理论证。其重点强调，企业拥有的资源多少决定着其竞争力的大小，这些资源就是人力资本。

20 世纪 90 年代，巴米（Bamey）指出，资源基础理论的主要内容就是强调企业拥有的内部资源的重要性。由于企业拥有控制内部资产、程序以及员工的知识技能等资源，在充分运用这些资源的基础上，就能产生核心竞争力，最终提升企业的绩效。这些资源可分为两大类：一类是有形资源，另一类是无形资源。此外，根据资源基础理论，企业的资源又可以分为三大类：第一类，人力资本，主要包括经验、才能和判断力等内容；第二类，企业资本，主要包括组织结构、制度和协调系统等内容；第三类，实体资本，主要包括生产设备、技术和地理优势等内容。该理论认为，前两类资本解释了人力资源能够提升企业绩效的原理。因为第一类资源能够提升员工个体的工作能力，第二类资源能够对第一类资源进行整合利用，并促使其得到提升。由此可见，人力资源管理应得到企业经营者的充分重视，积极采用各种人力资源管理活动，更好地提升企业的效益。

第二节 战略人力资源管理对企业绩效影响的理论分析

一、企业绩效的主要影响因素分析

企业在评估绩效时，发现企业的绩效通常受制于多重的因素。根据对已有研究结果的整理，以下四个因素影响最大。

（一）企业的人力资源成本

获得、使用和保持人力资源所投入的资金叫作人力资源成本。人力资源成本包括三项内容：其一，获得成本，包含两项内容，一项是企业招聘自身所需的员工的花费，另一项是因为招聘而舍弃的机会成本；其二，使用成本，包括员工的薪酬和福利两部分；其三，流动成本，包括两项成本：一项是因员工离职企业重新招聘产生的花费，另一项是解聘员工产生的费用。从直观上说，一个企业在人力资源上的花费越多，整体的费用也随之增加，就会降低企业的经营业绩。如果人力资源消耗的费用较少，就会节约企业的成本，提升企业的收益。

（二）市场的导向作用

企业的市场导向包含着三方面的内容，即客户导向、竞争导向和企业内部协作。在市场经济体制下，企业的竞争日趋激烈。企业要想更好地生存和发展下去，就必须建立起自身的核心优势，通过正确的战略规划，同时加强内部的协作，以形成较强的竞争力，从而更好地占据市场，获得更多的收益。而要想占据更多的市场份额，就必须紧跟市场需要，及时掌握市场的动态，了解客户的需求。以市场为导向，开发出市场欢迎的产品，占得市场先机。这就要求企业密切关注客户的需求变化，及时调整经营策略，提升顾客的忠诚度。这就是以客户为导向，调整企业的业务流程的经营模式。同时，积极关注市场环境动态，还能使企业先一步进入目标市场，进而建立起市场壁垒，增加同行进入的难度，为自身获得更多的利润。可以说，企业的创新程度和一些重要的业务流程都受到市场导向的影响。因此，从本质上看，这三者是辩证统一的关系，既互相促进又相互协调。

（三）企业自主的学习能力

企业的学习力指的是全体员工的学习能力以及对学习的认识。在当下的知识时代，信息化的广泛运用，知识的重要性日渐凸显，知识人才在企业中的地位也在急速上升。企业之间的竞争本质上就是知识人才的竞争。只有拥有高素质的员工，才能比对手领先一步，在竞争中获胜。在知识不断更新的时代，员工的学习力是企业竞争力的源泉。企业拥有较强的学习力能够带来多方面的好处，主要有：①员工能够不断地提升自身的知识和技能，提高生产效率；②及时掌握最新的知识技能，从而进行技术创新，提升产品的优势，打造核心产品，形成核心竞争力，提高企业的效益；③能够改进企业的内部流程，使其达到更加优化的状态，从而降低产品的生产成本，缩短产品的生产周期，提高企业的经济效益；④能够及时掌握市场动态，了解市场需求，从而及时调整经营方向和策略；⑤通过技术改进和创新，提升产品和服务质量，提高顾客的满意度，赢得更多的顾客，并培养客户的忠诚度，树立起产品的品牌形象，形成品牌效应，为企业带来更多的利润；⑥有利于企业良好的文化氛围的形成，提升员工的综合素质，促使他们转变观念，使自己的价值观和企业的战略目标保持高度一致，从而促进企业的快速发展。

（四）企业的业务流程

为了实现制定的目标，企业根据设计好开展的有秩序的经营活动叫作业务流程。企业的经营效率和业务流程有着密切的关系。而经营效率和经营能力之间存在着正比的关系。因此，企业应注重流程的合理化，避免不规范和冗余的流程内容。积极对流程进行简化，使其达到最优化的状态。这就是流程改造。在改造的过程中，企业应以顾客的需求为导向，进行产品的研发。改进产品和服务的质量，提升生产效率，缩短生产周期，以提升企业的绩效。业务流程改造或再造时应注意以下三点。

第一，确保企业在合理的时间与地点，用合适的价格售出产品或服务，这是业务流程改造要始终坚持的目标。要做好这项工作，就要对市场展开调研，了解顾客的需求以及同类产品的具体数据，才能开发出受市场欢迎的产品或服务。

第二，对业务流程进行改造，应本着缩短产品生产周期的目的，降低库存量，以提升企业经营效率，并降低产品的生产成本，提高企业绩效。

第三，优化业务流程应能起到提升企业抗压能力以及应变能力的效果。

二、战略人力资源管理对企业绩效的作用分析

从战略企业的战略目标出发，这是人力资源管理制定政策的基础。其最重要的五项政策为：选拔人才、使用人才、培育人才、激励人才和留住人才。企业的战略人力资源管理工作紧紧地围绕着"人"进行。其作用表现在两个方面：一个是对个人的素质产生影响。这方面包括员工掌握的知识和技能以及工作态度；另一个是改善组织的氛围，包括企业的制度、原则以及领导方式等内容。这两个方面都影响着员工的工作效率。员工的效率包括两项内容：一项是任务绩效，指员工根据企业的要求进行的生产活动的效率和服务质量等；另一项是情景绩效，包含员工的行为和满意度以及顾客忠诚度等。企业的绩效主要包含财务和非财务指标两类，这项内容已经在上文介绍过了。实线表示的是一个传

导机制，即从战略人力资源管理活动—战略人力资源管理的直接作用结果—个人绩效—企业竞争优势—企业绩效的路径。

企业要想建立并保持竞争优势，就必须充分合理地使用自身拥有的重要资源。这就是资源基础理论的主要思想。这里重要资源的含义，指的是资源具备价值性等四个特性。这也是人才资源具备的特性。人力资源管理活动也要和这些特性保持一致。企业应站在战略的高度，对人力资源管理制度进行规划，并以此来保持自身在竞争市场中所处的地位，进而创造出更高的绩效。员工无论有多强的能力，在工作中都抱有被动的心态。这就需要管理人员通过恰当的人力资源管理政策，激发起他们的工作主动性，从而提升他们的工作效率，进而提高企业的效益。

综上所述，通过制定一系列的战略人力资源管理机制，可以增加企业在未来市场竞争中的企业核心竞争力，从传导机制中进行调控，从而提高企业的绩效。

（一）战略人力资源管理对企业绩效的传导作用

战略人力资源管理政策的作用对象是"人"，一切的管理活动都是围绕着"人"进行的。通过对员工的个体特质和企业的氛围产生影响，从而实现工作目标。图 5-1 展示了战略人力资源管理对企业绩效的传导作用。

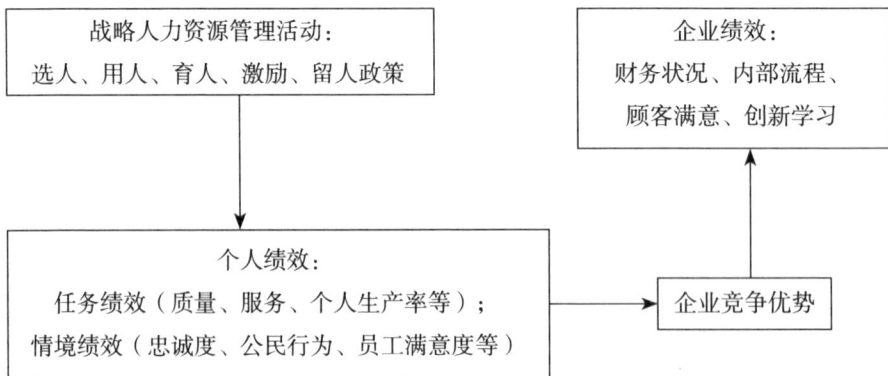

图 5-1 战略人力资源管理对企业绩效的传导作用图

1. 战略人力资源管理活动

企业采用招聘和选拔的方法获得企业所需的员工，然后对其进行岗位培训，使其能够很快掌握岗位知识和技能，从而胜任自身的岗位要求；通过人力资源管理活动，引导其观念和工作态度，使其符合企业战略目标的要求；对于合格的老员工，企业应通过合理的薪酬制度，留住人才，并激发他们的工作热情，提升工作动力。这里要注意的是，企业要确保培训方式的专业化，考核机制的公平性，才能真正起到激励作用。否则，只能适得其反，产生的是负面作用。这是员工的个人特质方面。而在组织氛围方面，同样受到很多因素的影响，如报酬制度是否公平，上下级之间的沟通机制是否合理，工作设计是否具备技术性等。

2. 战略人力资源管理直接作用结果——个人绩效

员工个人绩效受到两个因素的影响最大：一个是员工的个人特质，包含员工的知识技能和对待工作的观念等内容；另一个是组织氛围，包含企业的规章制度以及领导方式等内容。企业绩效是由全体员工的个人绩效组合而来，所以，其结果如何并不单单只依靠一个人或者少部分人来决定。组织氛围能够间接影响着企业绩效。员工个人能够为企业创造多少价值，由两个方面决定：一方面是其自身的能力；另一方面是天赋的高低。而这两个方面能否充分发挥，受到员工工作态度的影响。所以企业对员工管理过程中，应该制定一个完善的管理效率，而且根据实际的员工绩效组织一个合适的管理氛围。在一个好的环境下，能够对员工起到积极的引导作用，使他们的绩效水平得以提升。

3. 个人绩效——企业竞争优势

企业在组织结构、生产技术、品牌以及生产规模等方面占据着比同行企业有利的条件，这就是企业的竞争优势。要想具备上述的有利条件，企业就要整合和优化内部资源，提升员工的工作效率，确保产品的质量，从而提高企业的整体效益。员工的工作效率和服务质量和他们的工作态度以及对于企业的满意度有着密切的关系，进一步影响到企业新产品的开发以及营销质量。员工具有较高的服务水平，能够更好地做好顾客的服务工作，提升顾客的满意度，从而促进产品的销售，为企业获得更多的利润，增强企业的竞争力。只有确保员工的满意度，才能提升他们工作的积极性，并保持对企业的忠诚，不但能够留住员工，节约人力资源成本，还有助于树立起企业的形象。因此，企业的竞争优势有助于企业绩效的提升。

4.企业竞争优势——企业绩效

竞争优势是一个企业所独有的。这是企业比同行企业具有的优势所在。企业拥有的优势越大，资源占有的也就越多，在竞争中也就更容易打败对手，占据市场更多的份额，获取更多的利润。依靠这些利润，企业得以发展壮大，形成规模生产，从而降低产品生产成本，提高生产效率，竞争优势得以进一步强化，促进企业的可持续发展。

（二）战略人力资源管理对企业绩效作用的相互协调

战略人力资源管理政策与企业战略以及企业竞争优势间的相互协调作用构成了战略人力资源管理对企业绩效影响的相互协调机制。

企业在进行战略人力资源管理的设计时，最主要的还是要紧抓企业战略，避免二者之间产生冲突。战略人力资源管理的作用：①为企业制定战略提供依据，使战略和企业的发展相匹配；②对企业战略制定的方向进行引导，并给予一定的约束；③对战略实施的措施进行协调，使之更加顺畅；④将自身的竞争优势反馈给企业的管理层，促使企业保持战略的动态策略，及时进行战略的优化调整，从而持续保持竞争优势。因此说，在战略人力资源管理的众多职能当中，参与企业战略是其中一个重要职能。参与的程度影响着企业完成战略目标的情况。在实行人力资源管理的企业中与在实行战略人力资源管理的企业中所扮演的角色是不同的，当处于后者的情况时，其将参与战略的制定和执行，身份有了完全的转变。

当下，我们正处于知识经济时代，知识在企业中的作用越来越大。加之市场竞争的加剧，市场环境在不断地变化，企业拥有的有利条件也处于不稳定的状态。因此，企业在制定战略时，要了解外部环境情况，掌握其特点，并分析自身内部的优势变化，衡量自身的优劣势，对机会和威胁进行科学的评估。这些工作都属于战略人力资源管理的范畴。提出合理的建议，使策略的制定更具有针对性。

企业在制定战略方向时，会考虑现有的人力资源情况，通过对其整体进行分析，得出数量值和质量值以及知识技能的结构状态等，评估考量其对战略的影响，将其纳入战略制定调整的范畴内。同时，企业的战略并不是固定不变的，而是处于一个动态过程中，根据企业的具体情况而不断地进行微调或者改变。特别是企业在进入不同的发展时期时，更会对战略做大的改动，甚至重新进行战略制定，以更好地适应企业的现状。人力资源管理工作应和战略保持高度的一致性，因此，也要随着战略的调整而做出改变，从而更好地执行战略规划。

企业的战略必须通过人去执行，以最终达到实现。战略人力资源管理部门就是该项任务的执行者。因此，企业应重视员工素质的培养，不但要提升他们的生产技能，还应对其观念和行为进行影响，使其更符合企业战略的要求，同时，提升他们的工作效率，从而提升企业的效益，提高企业的竞争力，顺利完成战略目标。

三、战略人力资源管理对企业绩效的影响分析

提升企业效益，从而增强其竞争力，这是企业进行战略人力资源管理活动的最终目的。基于此，要求该系统和战略具有高度的适配性。该系统的功能和责任主要包含两方面的内容：其一，在个体层面上，这方面主要是对企业的人力资源进行管理，从而提升员工的工作效率，进而实现提升企业整体绩效的目

的，增强企业的竞争力；其二，在企业层面上，通过人力资源管理活动，参与到企业战略的制定当中，使战略和企业的人力资源更加匹配，有利于更好地发挥人才优势，进而顺利地实现战略目标。因此，主要从上述两个层面对战略人力资源管理和企业绩效间的影响关系展开剖析。

（一）战略人力资源管理在个体层面对企业绩效的影响

战略人力资源管理在这方面的活动，是将员工个体作为生产个体进行的。由此设计的流程主要分为三个阶段。

1. 员工招聘之前

人力资源所要开展的任务主要有以下几点，先是做好整体的人力资源规划工作，根据企业经营现状进行规划，然后根据具体的岗位需求，列出所需人才名单。只有招聘到合格、合适的人才，才能保障企业正常的生产经营活动。同时，人力资源管理通过规划实现自身技能的提升，激发员工的潜能，提升工作效率，实现个体和企业共赢的局面。与此同时，还需要设置相关的奖惩措施，保持内部竞争的活性，维持好良性竞争风气，激发员工的工作热情，加快员工的绩效增长。根据国外企业的实践经验，员工形成高度合作、协调团队的企业，生产效率、产品和服务的质量更高，并能够更好地应对外部环境的变化。由此可见，员工间形成合理有序的分工合作和协调关系，能够有利于工作效率的提升，并节约企业的协调成本。同时，通过工作分析与设计，还能使员工和岗位更加匹配，保障产品的质量，降低人力成本。此外，能让员工保持更好的工作状态，提高他们的满意度，达到"人尽其才"，从而留住人才。可以说，从企业的角度上讲，企业中的战略人力资源管理对企业的发展来说非常重要，对于企业绩效有着重大的影响。

2. 员工招聘之中

企业绩效受到员工的影响非常大，因此，企业对于招聘员工工作非常重视。

在甄选时也十分谨慎。不但要求员工有较强的工作能力，还要考虑到员工的综合素质以及价值观等内容，以符合企业所需，从而为企业创造更大的价值。因此，应设置合理的流程，通过周密细致的方法和步骤招聘和甄选人才。做好这项工作，能够为企业带来两方面的好处：第一，节省招聘费用，企业在招聘员工的各个环节都需要花费一定的费用，如果招聘的员工不合格，企业要进行解聘另招，就要花费双倍的招聘费用；第二，招聘到合格的员工，将会给企业创造出更多价值，尤其是一些重要岗位上的人才，能创造出难以估量的价值。

3. 员工招聘之后

在招聘工作完成之后，为了能使其在最短时间内适应岗位需求，企业要对他们进行岗位培训。一方面，使其尽快掌握岗位操作要领，实现上岗；另一方面，引导其观念，使其接受企业的制度与文化，并形成团队协作精神，认可新企业。

员工的薪酬直接影响着他们的工作效率。企业对员工的认可，从合理的薪酬制度上得以反映，同时激励员工的工作热情。在为自身谋利益的同时，为企业创造出更大的价值，从而提升企业的绩效。

绩效考核制度彰显的是公平、公正和公开的文化精神，并将员工的利益和自己的贡献结合在一起，不但能提升员工的满意度，还能将自己和企业更好地联系在一起。营造出公平的企业文化氛围。这些措施都直接影响着员工个体和企业的绩效。

（二）战略人力资源管理在企业层面对企业绩效的影响

从企业内部员工的个体层面出发，参与制定企业战略，使该战略能适合企业的人力资源现状，有利于企业对人力资源的充分利用，也使战略目标能更切合实际，更容易实现。这是战略人力资源管理在企业层面上的影响。

早期时，人力资源管理在企业当中是一个辅助性部门，主要管理一些琐碎性的事务。其活动完全根据企业的战略目标设计，工作目标就是让员工适应企业战略。

战略人力资源管理理论问世之后，其作用被人们逐渐认识到，更多的企业采用这种管理模式，体现了人力资源为王时代的到来。人才是企业形成核心竞争力的关键，人力资源管理活动和企业战略之间的关系越来越密切。理论证明，企业要顺利地实施战略，要利用好人力资源管理的积极作用；与此同时，企业战略也可以通过相对应的管理政策体现出来。该政策反过来促进战略目标的实现。在这个过程中，可以看到，整个战略的制定和执行，都围绕着人才这个核心进行。这就要求方案确定过程中要严格参考企业的实际情况，然后根据其现状，进行战略的制定，以保障执行顺利。战略人力资源管理对企业经营管理的重要性逐渐显现，如图 5-2 所示。

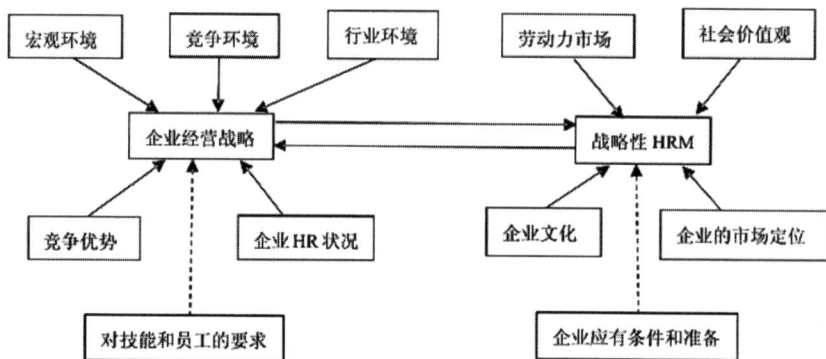

图 5-2 战略性人力资源管理与经营战略的相互依存关系

战略人力资源管理工作在企业中处于重要的地位，和企业经营战略紧紧联系在一起，共同影响着企业的效益，从而作用于企业的发展水平上。企业员工的思想观念决定着员工的行为，影响着企业的效益，最终关系到战略能否有效实施，战略目标能否实现。可以说，企业的生存和发展水平直接受制于人力资源。因此，企业应充分考量自身拥有的人力资源状况，深入分析其特点，同时，结合市场需求，制定出和自身人力资源情况适合的经营战略。这是企业层面上的战略人力资源管理功能。因此说，战略人力资源管理对企业的绩效影响很大，企业依靠其能够增强自身的竞争优势。

第三节　提高企业绩效的战略人力资源管理措施

人力资源理论受到很多国外企业的认可，在大多数企业内部都建立起了战略人力资源管理机制，积极有效地对自身的人力资源进行挖掘和整合，充分发挥人才的作用，为企业创造更多的价值。我国由于国情的不同，加之曾经实行多年的计划经济体制的影响，很多企业的领导都还保持着惯性思维方式，沿用着传统管理体制，对于人才的重视度较低，没有正确把握人才的实际情况，对于相关制度的建立也不够完善，最终企业的人才得不到充分的开发和使用，无法助推企业的业绩，无法在当下激烈竞争的市场上占据竞争优势。因此，企业的领导者要转变观念，紧跟时代脚步，认识到人才的重要性，加大人力资源管理的投入，从上到下，重视对企业内部的人员进行有效管理。将人才效用发挥到极致，利用好战略人力资源管理对企业绩效的提升作用。

一、采取与企业战略匹配的人力资源管理方式

信息时代，市场环境瞬息万变。加之科技的迅猛发展，市场处于极不稳定状态。这些情况都促使企业在制定战略时十分慎重，战略的实施也存在着较大的不确定性。一个企业在一定时期内拥有的资源总量是相对固定的，怎样利用好自身的资源，使其创造出更多的价值，为企业带来更多的效益，这是每个企业的经营者所考虑的问题。

在所有的资源当中，人力资源具有极强的潜力。要想让这些潜力充分发挥出来，关键看战略人力资源管理工作是否有效。因此，企业应制定合理的人力

资源管理政策，加大对该部门的投入，提高该部门的地位，充分发挥其职能作用。从企业战略的被动执行者，转变为主动参与战略制定者。将企业现有人力资源条件融入战略中，使两者达到高度匹配和协调的状态。同时，以战略为目标，对员工观念进行引导，使员工成为企业目标的坚定执行者，提升企业的绩效，促进企业目标的实现。此外，企业战略人力资源管理应和企业的战略保持同步，以便及时调整战略以应对市场环境的变化，使企业的战略更具有可操作性。保障战略人力资源工作与企业战略的协调统一。

（一）人力资源规划要配合企业战略需要

在企业的长期发展过程中，制定一个完善的战略人力资源机制是非常重要的，尤其是在现阶段，市场竞争越来越激烈，企业不可以盲目进行战略的制定，需要根据企业的实际发展情况选择适合企业的战略需求。在整个过程中，保持企业的稳定发展，在进行企业创新改革、战略制定的过程中，要保证企业人力资源使用充足，所以对其进行短期的人力资源规划是保证企业正常运作的一个关键手段，根据企业的实际情况，进行人力资源的分配，发挥人力资源机制的实际作用。随着市场环境的变化，企业需要实际考察市场变化中的可控因素与不可控因素，从企业的实际发展需求入手，制定合理的发展战略，保证企业在方向选择过程中的客观性、准确性。

企业进行人力资源战略规划不是纸上谈兵，而是需要企业进行长时间的市场考察，对企业内部存在的相关问题进行分析与研究，时刻把控企业人力资源的实际情况；不仅如此，企业还需要制定一个长期的人力资源发展战略，对未来企业的发展进行预测，考虑企业员工的变动情况，并且根据实际情况制定人才的培养与引进。从战略的角度分析，人力资源规划的目标具有明确的方向性，主要向战略目标提供发展的基础。在方案制定的过程中，需要明确所面对的目标，不仅仅是企业的个人，还需要面向整个企业的组织进行规划。在企业内部，员工与企业之间的关系属于一种相互依托的关系，不仅仅要考虑到自己的利益，要根据实际情况进行企业的发展，做到一种双赢的局面，企业要制定一个科学化的人力资源管理机制，在保证企业稳定发展的情况下，尽量满足员工对于企业的实际需求，最终形成企业与员工共同进步的局面。

（二）人力资源规划要体现灵活性

由于企业中的组织环境属于一种动态变化的环境，所以在制定战略方案的时候要考虑到企业的实际情况，通过把控企业的不确定变化因素，来增加企业发展的稳定性与战略实施的可行性，所以说，企业制定完成战略规划后，不是要一成不变的，而是要根据实际市场的变化进行调整，因为在战略的制定过程中，存在很多误差影响，在实际应用过程中也存在很多问题。由于这些因素的影响，要使人力资源战略规划处于一个动态的状态，根据市场环境灵活地调整对应的战略。一般情况下，灵活性体现在多个方面，包括企业组织内部的信息灵活、组织局面灵活等。

根据组织的实际情况进行战略的调整，只有保证人力资源规划处于灵活的状态，才能够满足企业对于人才的需求，从根本上满足企业在运营过程中的真正需要。不同环境的变化对人力资源规划会产生不同的影响，包括员工的流动情况、组织外部的变化情况、政府的政策变化等。所以要进行方案的制定，就要对企业发展环境进行长期的预测，不仅仅要满足企业目前的发展需求，还要满足企业在未来发展中的需要。

二、制定科学合理的薪酬福利制度

对于企业组织的发展来说，员工的工作热情一直是影响企业效益的关键因素，所以要根据实际情况制定一个完善的员工奖励机制。而且在组织战略人力资源管理中，员工的薪酬待遇问题一直是一个热点研究问题。从科学的角度进行方案的制定能够满足员工对于薪资待遇的需求，按照不同等级的员工进行分级奖励措施，当员工的基本需求得到满足的时候，员工就会更加认真工作，从而增加员工的实际工作效率，企业的生产效率也会得到提升。所以在制定员工薪酬方案时，要从客观角度出发，可以提高企业的组织绩效。

（一）薪酬福利兼顾公平性与竞争力

在制定企业组织薪酬待遇的过程中，为了保证员工工作的稳定性，应该从一个客观的角度出发，尽量保证薪酬待遇的公平性。对于员工来说，付出与回报应该成正比的关系，如果在进行薪资分配的过程中，企业不能从一个公平的角度出发，就会大大降低员工的工作积极性，员工的工作效率也就大大降低，甚至造成优秀员工流失的情况。对于企业来说，会产生非常大的负面影响。合理制定薪酬待遇的竞争机制，对于工作能力强的员工要进行适当奖励，这不代表企业领导可以随意进行薪资的分配，对于业务能力强的员工来说，这种奖励机制更具有吸引力，通过对员工的实际工作进行评价，与奖金直接建立联系，从奖赏的角度调动员工的实际工作积极性，不仅可以增加工作效率，也可以从市场上吸引更多的人才。一个完善的薪酬奖励制度可以增加员工对于企业的忠诚度，降低员工的流动情况，从而增强企业的稳定性。

（二）薪酬福利与绩效挂钩

为了能让员工感受到薪资待遇的公平性，在制定薪酬待遇的时候应该与员工的实际工作能力进行联系，大多数的企业对于员工的工作绩效考评都有对应的制度，所以在企业中建立薪酬福利与绩效的联系是企业发展过程中一个必要的过程。员工的薪酬组成越来越复杂，不仅包括员工的基础工资，随着市场的发展，员工的绩效工资占总工资的比例逐渐增大。传统的薪资发放形式不能够调动员工的工作积极性，在很多时候还会造成员工在工作过程中出现消极态度，认为无论怎么工作都只会拿到一样多的工资，进而形成一种恶性循环。随着市场的发展，企业对薪资的构成进行改制，与绩效建立联系，从员工的角度上分析，如果努力工作就会拿到高于平均水平的薪资，所以员工的工作积极性就会大幅度增加。通过这种方式可以增加企业的工作效率，为了保证这种制度的稳定实施，需要参考科学化的标准进行体制的制定。为了秉持公平、公正、公开的原则，企业进行薪资与绩效挂钩时，应该调动所有员工进行参与，通过大家共同讨论，制定一个让大多数员工都满意的方案，通过讨论与沟通可以解决制度内部的一些问题，防止员工在实施方案时产生抵抗的情绪。为了保持公平性，不仅要在员工中实施薪资绩效挂钩制度，在领导层中，也要实施这种制度。通过制度的全面实施，员工的工作积极性就会得到增加，从而提升企业的综合竞争力。

（三）薪酬福利要满足员工不同层次的需要

国外的经济学者研究了薪酬待遇对人期望的影响，结果证明，人在不同阶段中的需求是不同的，大多数人的需求是在不断进步的。所以满足人的基础需求之后，人的基础需求阈值就会增加，这符合马斯洛的需求层次论。所以在进行制度制定的时候，要考虑到员工的实际情况，针对不同阶层的员工制定不同的薪酬福利制度。根据大量数据表明，薪酬奖励机制在收入低的员工群体中使用效果最好。所以进行薪资奖励机制制定时，要考虑奖励时间性，应当适当缩短奖励间隔，保证员工的积极性的阈值不会过高，保持员工的工作积极性，可以增加薪酬待遇对员工的激励效果。员工的积极性提高，对于企业的发展来说，会起到一个积极的影响。

三、根据企业战略目标完善人力资源管理制度

（一）实施健全的激励机制

当下，人才对企业发展的推动作用已经为人们所共同认可。只有采取科学合理的人力资源管理手段，才能够使得企业的人才优势得到充分的发挥，才能

够让人才配置达到最优化。企业可以采取以下几个策略。

第一，以提升人才的工作积极性为目标，建立绩效考核制度，并和员工的薪酬挂钩，体现出对人才的尊重，彰显公平精神，对员工产生激励作用，挖掘他们的潜能。

第二，善用福利政策，实际解决企业职工的后顾之忧，让他们感受到企业带给他们的温暖，从而保持工作积极性。企业也能够因此降低人力资源成本，获取资本投资收益的最大化。

第三，实行工资等级制。根据员工的贡献和具体岗位条件要求，将员工的工资划分到不同的等级当中。这就将员工的收入和为企业创造的价值直接联系起来，最大限度地激发他们的工作能动性。

第四，规范员工的行为。员工的行为和企业的绩效之间存在着很大的联系，企业应重视对企业员工行为规范的监管，优化相关的监管体系，采取有效措施约束内部员工的行为。在此基础上，还需要对员工实施行为指导，使之更具大局观，热爱企业，端正工作态度，严格要求自己，规范工作，并和企业战略保持思想上的一致。

员工与企业之间实际上是各取所需，企业招聘员工，是为了维持自身的运营发展，而员工进入企业，带着个人的需求。因此，企业必须要试着了解员工的这些需求，才能够有机会满足他们的需求，而一旦员工的需求得到了满足，他们在工作过程中就会保持高度的热情。在这里引用一下马斯洛的需求层次理论，即不同的人拥有不同的需求，而同一个人的需求也会因为一些变量因素的改变而产生相应的变化。年轻些的员工更加重视人身权利以及工作环境等，中年员工则更加倾向于自身职业的晋升空间，至于老年员工，他们追求稳定的工作以及薪酬。当然，除了年龄以外，职业性质也会成为员工产生不同需求的重要因素。如此，就要求企业能够瞄准员工的切实需求，保障激励制度的科学性与有效性，促进企业绩效的提高。

（二）建立竞争淘汰机制

只有适应市场环境的变化，企业才能生存下去，并获得较好的发展。员工也是这样，工作技能较差，学习能力不强的员工，无法为企业创造价值，企业应及时清退。在工作安排上，要本着"就上不就下"的指导思想，让员工从事稍微超出自身能力的岗位，激发员工的潜能，挑战困难，并促使其养成积极学习的习惯和思维，提升其自身的能力和素养。该机制包括两方面的范围：其一是采取外部竞聘上岗制度；其二是内部淘汰无价值员工。

此外还要引入一个"负激励"的概念，负激励是与正激励相对立的，它主要包含批评、罚款、降职等。企业对员工所进行的激励正是包括正激励与负激励在内的一种综合型奖惩机制，只有将这两种激励有效地结合起来，才能够约束员工的行为，促进员工的成长。其中，正负激励有着主动与被动的区别，同正激励相比较而言，负激励主要是利用对员工的不当行为以及动机进行遏制，来帮助他们认识到自身的问题所在，使得他们能够主动地进行纠正。由于不同的员工具有不同的特点以及需求，所以，企业需要采用具有针对性的激励，才能收获预期的效果。至于负激励的应用，一定要注意不可过度，否则将适得其反，如果对一个员工的负激励强度过大，就有可能导致他从此失去自信心以及对工作的积极性。所以，企业在设计激励机制时，需要参考员工的意见，并且，最终的确定也要征求员工的意见。在此基础上，企业还需要进行有效的监督，保障激励制度实施的公平性。

当今时代是一个迅猛发展的时代，过去企业设置人力资源管理部门的初衷已不能满足当下企业发展的需要，所以，企业必须要采取有效的措施，改变人力资源管理部门的职能性质，将该部门的工作核心同企业的战略发展紧紧联系起来。过去，企业人力资源管理部门的设置仅仅是为了服务其他部门，该部门长期游走在企业经营管理的边缘地带，触及不到核心战略的任何内容，这导致了严重的人力资源浪费问题。放眼当今时代，企业对于人才的渴求越来越大，而人力资本作为参与市场竞争的一项重要指标，也为诸多企业所重视。所以，作为掌握了企业竞争源泉的人力资源管理部门，必须要意识到自身存在的重要性，努力参与到企业战略决策过程中去。而企业也需要充分意识到这一点，对传统人力资源部门实施改革，使得其职能性质发生本质的改变，并将工作的核心同企业发展战略相结合，最终转型为战略人力资源管理部门，切实地提高企业绩效，帮助企业实现战略目标。

四、制定科学合理的工作方案

企业内部的状态实际上是不断变化的，所以为了保持一定的秩序性，就必须设置相应的职位评价体系，这一体系能够有效地记录一个员工的表现，从而为企业报酬分配、人力资源决策等活动提供方便。要想所设置的职位评价体系具有科学合理性，就必须包括工作分析、工作设计、工作评价三大块，它们所对应的服务对象分别是人力资源规划、企业招聘与员工培训等、内部报酬分配。除此以外，职位评价体系中所记录的员工信息也会受到人力资源管理部门的高度重视，因为它将会影响到该部门的合理决策。由此可见，一个科学合理的职位评价体系对企业的发展来说是至关重要的，它不仅能够帮助企业提高绩效，还能够帮助企业朝着战略目标不断地靠近。

（一）工作分析的内容和步骤要科学合理

工作分析实际上是一个复杂的工程，属于战略人力资源管理体系的一部分，也是最基础的部分，目的在于解决员工关于工作所提出的几大问题，分别是：什么工作？工作在哪进行？何时完成？怎样完成？为何要完成这项工作？需要具备怎样的条件才能够完成这项工作？

工作分析的过程虽然复杂，但总共可以分为三步，第一步，搜集整理相关信息，制作岗位说明书，说明书的内容应当包含岗位名称，在这一岗位上所要执行的任务、权责分配、工作对象、工作地点、工作环境以及相关联的其他岗位等；第二步，确定该岗位的任职要求，首先明确岗位本身的特点，对任职员工的知识储备、职业道德、从业经历、健康状况等指标提出要求；第三步，得出相应的分析结果，这一结果通常以岗位说明书、规范文件的形式出现在招聘、培训安排环节中。由此可见，工作分析也是战略人力资源管理体系的重要组成部分。

（二）工作设计标准要保证组织高效运转

完成工作分析后，会得到诸多有用的信息，而这些信息随后将会被运用到工作设计中。工作设计应简明扼要地表达对员工的要求以及寄予的期望，同时，还需要能够帮助员工了解他们的工作内容以及相关的权责任务。更确切地说，工作设计实际上就是要为组织提供一份记录了岗位基本信息以及对相应任职员工的素质要求的有效性文件。因此，忽视工作设计将很有可能引发战略问题，进一步影响到组织绩效的提升。

评判工作设计得好坏，通常是看它是否满足组织需求。常见的工作评价方法共有四种，分别是排列法配比对照法、分类法以及要素计点法，其中，采用排列法进行工作评价的通常是专业的岗位评价人员，由于他们长期从事相关的评价工作，拥有丰富的工作经验，能够凭借着主观判断确定各工作岗位的相对价值，并能够指出各个岗位之间的关系。而分类法原则上来讲是属于排列法的升级版，采用分类法进行工作评价，首先要依据工作分析的相关内容确定一套岗位评价标准，之后只需要将各个工作同这套标准进行比较，就能够确定该工作的级别。配对比较法在实施的过程中会采用到加分制，即将所有需要进行工作评价的岗位列举出来，然后两两相比较，这里专指比较工作价值，优胜者可加一分，以此类推，最终按照分数高低对这些工作岗位进行等级排列。要素计点法是目前全球范围内使用率较高的一种工作评价方法；其次先要确定评价要素，并且赋予每一个要素不同的权数，之后对单位要素进行等级划分，而不同等级的要素代表不同的分值，也就是所谓的点数；最后，综合各个工作岗位的要素，得出有效的评价结果。

（三）工作评价方法要满足企业需求

工作评价一般在工作分析、工作设计完成的基础上进行，其关注的是该岗位在存在期间为企业发展所做的有效贡献，主要对不同岗位的不同职责、工作强度等进行一个系统的评价，并且将不同的岗位所得出的评价结果进行对比，得出一个相对的排名，同时也方便了企业培训方案的制定。工作评价能够协调企业内部各岗位之间的关系，明确组织结构等，对企业的健康有序发展起着至关重要的作用。

工作评价有一个特殊之处，即它所针对的对象是企业内部各个岗位，且影响到企业为员工所安排的培训活动。所以，企业所进行的工作评价需要满足以下两点要求：第一点，只针对岗位，不将员工的表现纳入评价范围之内；第二点，有一定的先后顺序，对性质相同的岗位率先进行工作评价。除此以外，工作设计的内容也会影响到企业的运营，所以，对其提出以下要求：第一点，确保企业的职位评价体系能够满足其经营发展的需求，合理安排组织结构，为战略目标的实现保驾护航；第二点，工作设计需要秉持权责一致的原则，确保每一位员工都能够胜任各自所在的职位，对员工能力要有一个充分的了解，才能够设计出合适的、令员工满意的岗位，使得员工在工作过程中能够始终保持工作热情，并且有利于为企业培养忠诚员工。第三点，在确定组织上下级结构时，要做到科学合理，避免由于权责关系不明确所造成的岗位之间的矛盾，为提高企业绩效打下坚实的基础。

企业在构建战略人力资源管理体系过程中，必须要走好工作设计这一步，因为工作设计的好坏关系到企业组织结构是否合理，关系到企业的稳定运营。

所以，在进行工作设计时必须要谨遵因事设岗、个性化等原则。首先来看因事设岗，要求工作设计必须要从实际出发，必须要先确定企业的发展现状；其次结合企业的发展战略；最后根据职能部门的特点设计不同的工作岗位。接着再来看个性化，对于岗位的设计切记不能够单调地采用一个范式，因为个体之间存在差异是一个普遍的现象，工作设计融入个性化的特点，则有利于增加人力资源有效利用率。当然，工作设计除了要遵循以上原则以外，还需要方便后续的工作评价工作等，综合来看，其在整个战略人力资源管理体系中所处的位置是不可撼动的。

五、制定与企业战略相匹配的人员培训方案

要想有效应对市场环境的变化，企业就必须充分发挥自身的人才优势，积极挖掘和利用人力资源，形成自身的核心竞争力。企业要站在战略的高度，同时关注外部环境和内部情况，综合分析自身的优劣势，以人力资源为核心，构建人力资源管理系统，利用人力资源提升企业竞争力。而员工也需要不断地学习，才能跟上时代发展，满足时代所需。因此，企业应建立起专门的培训制度，提升员工的综合素质。

（一）以企业战略为导向

在制定员工培训机制时，要以企业战略为指导思想，以服务企业战略目标为宗旨。所有培训内容都围绕着战略这个核心设计。以企业战略规划需求为出发点，将工作融入战略当中。这样的培训机制才能更好地为企业服务，推动企业战略目标的实现。培训的内容不仅仅是传授知识，提升员工的岗位技能，还应重视引导员工的工作观念，使其发挥出主观能动性，有效提升工作效率。此外，培训体系还应重视和企业文化保持一致性，用企业文化熏陶员工，培养其集体主义精神，养成爱企业、爱工作的思想观念，并将这种理念运用到工作实

践当中，创造出更大的价值。如果培训的内容不符合企业的文化，就难以形成统一的企业价值观，给企业的发展带来消极的作用。纵观国外的一些知名企业，首先评测企业战略目标对人力资源的需求，然后设计出培训体系，使培训的内容和岗位的需求保持高度一致，真正起到了培育和储备人才的作用。

（二）建立完善的培训需求评估体系

企业在设计培训体系之前，应首先做好调查评估工作，了解员工的需求，做到有的放矢，才能引起员工的培训兴趣，积极参与培训，从而保障培训的效果，达到企业培训的目的。如果盲目进行培训，将会影响培训的效果。企业在确定培训内容时，要关注以下三个层面的需求：其一是战略层面，对企业的整体战略进行分析，从而确定需求的内容；其二是工作层面，根据实现企业制定的工作绩效所需要的知识和技能标准，从而确定培训内容；其三是个体层面，根据预期的员工工作绩效标准，和员工实际取得的标准进行对比，从而确定个体差异化的培训内容和方式，由此建立起一个完善的培训需求评估体系。

（三）培训方式要与培训目标匹配

不同层级的岗位对人才的能力需求不同，不同层级的员工对培训的需求也有着差异。因此，培训内容和方式都应有不同的设计。根据培训的目的和对象选择多种培训方式，提升该活动的有效性。

企业之所以为员工安排培训，是为了满足其自身发展战略的需要，当然，培训工作也是员工职业发展规划的一部分，有利于提升员工的综合素质，为实现企业发展战略目标创造条件。培训体系相当于是员工个人发展同企业整体发展之间的一个导体，使得二者能够达到一个共赢的状态，即员工在奉献企业推动企业发展的同时，也能够逐渐向自身职业发展的目标慢慢靠近。根据马斯洛的需求层次理论可以知道，一个人会拥有多种层次的需求，而最高层次的需求则是自我发展与自我实现。对此，企业为员工所安排的培训也必须要满足需求的层次性变化，对所处不同需求层次的员工要分别制定具有针对性的培训计划，只有这样，才能够初步保障培训工作的有效性，防止做无用功导致企业有限资源的浪费。

合理地为员工安排培训，能够有效激发员工的自信心，使他们产生自我肯定的意识。当然，员工本身也渴望能够接受有效的培训，因为当今时代随处可见的就是竞争与淘汰，只有不断地充实自我，让自身能力与素质都能够跟上时代发展的脚步，才能够在激烈的人才竞争中占据一席之地。所以，企业在安排培训时，也要注重培训的质量，比如，丰富并创新培训方式，根据员工的需求及特点制定具有针对性的培训计划，不断完善培训体系等，此外还要鼓励并安排全员参与培训，使得培训在企业提高绩效、实现战略目标过程中发挥其应有的作用。

六、构建战略人力资源管理系统

在知识经济时代，企业应充分挖掘自身的人才优势，并不断地增强自身的市场竞争力，在激烈的竞争市场中占据一席之地。所以，企业应当逐渐重视其内部的人力资源管理工作，不断地优化相关的管理体系，如此一来，才能够实现企业的可持续发展。企业应充分利用信息技术，对人才资源进行全面而细致的管理，从而找出和员工能力高度契合的岗位，帮助企业充分挖掘人才潜能，提升员工绩效，助力企业发展。

用科学的分类方法对员工的整体信息进行归类划分，从而对企业的人力资源进行整体规划，这是人力资源管理系统的主要功能。将员工的所有信息储存到企业内部数据库中，供管理人员随时查阅和使用，从而实现信息的内部共享。通过该系统，管理层能够详细掌握企业内人才现状，为他们匹配合适的岗位，以充分发挥每个员工的特长，实现人尽其才，提升企业效益。同时，便于管理层进行人员的考评，激励员工才能的发挥。目前，不少企业都关注到人力资源管理系统的作用，积极进行该系统的建设。对人力资源进行高效管理和配置，促进了员工个体和企业的共同发展。

跳槽是当下一个非常常见的现象，特别是优秀人才，成为各企业的争抢对象，人才流失就成为企业难以避免的现象。面对这个问题，企业的管理者通常认为是市场竞争激烈所致，自身却束手无策。人才流失的主要原因：①薪资，如果员工自身拥有较强的能力，收入却不符合自己的预期，就会另寻出路；②企业的氛围是否公平，没有公平的薪酬制度，付出和收入不成比例；③培训机会，不少员工希望提升自身的能力，能获得更多的培训机会；④职业前途，员工大多希望自己将来能够具有较好的晋升机会，对于没有为员工进行职业规划的企业，通常难以留住人才；⑤岗位不匹配，岗位不符合员工的预期，自身的能力和技术无法充分发挥出来。

通过以上的分析，可以发现，留不住人才的原因很大部分在于企业自身，如果能够采用人力资源管理系统，做好员工的信息分析工作，让他们担任合适的工作，发挥每个员工的能力，做好人才的开发管理工作，就能提升员工的归属感，从而留住人才。

第六章 人力资源管理与企业核心竞争力的融合发展

第一节 融合发展的内涵及理论框架

一、企业核心竞争力的内涵

1990年6月，美国学者普拉哈拉德（Prahalad）和英国学者哈默尔（C. Hamel）在《哈佛商业评论》上发表了《公司的核心竞争力》（*The Core Competence of Corporation*）一文。这是"核心竞争力"这一概念的首次亮相。文章一发表，立即引起了学界的高度重视，不久即得到企业界的广泛呼应，于是，"核心竞争力"一词风靡全球。他们认为，核心竞争力是组织中的积累性学识，特别是如何协调不同的生产技能和整合多种技术流派的学识。但是，普拉哈拉德和哈默尔并没有十分清晰定义核心竞争力，只是给出了一个描述性的概念。虽然有众多学者在此后进行了大量的研究工作，试图进一步清晰、明确核心竞争力的内涵，但竞争力、资源、能力的定义仍然含混不清。关于核心竞争力的研究，还没有形成一套完整的理论框架。国内外学者从不同角度对核心竞争力进行了研究，归纳起来，主要有以下几种观点。

第一，资源观。以温纳菲尔德（Winnfield）、潘罗斯（Penrose）和李悠诚为主要代表，认为企业核心竞争力是一种企业以独特方式运用和配置资源的特殊资源，资源差异产生收益差异，企业通过积累性学识，以低于价值的价格获得资源是企业获得持续竞争优势的关键因素。核心竞争力是企业通过对各种技术、技能和知识等无形资产的整合而获得的能力。

第二，能力观。以罗斯比（Rossby）和克里斯蒂森（Christesen）为代表的能力学派认为能力是确定资源组合的生产力，资源是能力发挥的基础。高科技和高技能的个人集合体并不能自动形成有效的组织。在国内，邵会会、丁开盛、周星和柳御林等学者认为企业核心竞争力就是企业具有开发独特产品，发展独特技术和独特营销的能力，是以技术能力为核心，通过战略决策、生产制造、市场营销、内部组织协调管理的交互作用而使企业获得并保持持续竞争优势的能力，是一种资产和知识的互补体系。

第三，资产、机制融合观。程杞国认为企业核心竞争力是企业多方面技能、互补性资产和运行机制的有机融合。王秉安认为企业核心竞争力是硬核心竞争力（以核心产品形式和核心技术或核心技能为主要特征）和软核心竞争力（经营管理）的综合。

第四，消费者剩余观。管益忻认为核心竞争力是以企业价值观为主导，旨在为顾客提供更大（更多、更好）的消费者剩余的企业核心能力体系，核心竞争力的本质内涵是消费者剩余。

第五，体制与制度观。左建军认为，企业体制和制度是最基础的核心竞争力，是企业发展其他竞争力的原动力和支持平台，其他竞争力只是在此平台上的延伸。

第六，创新观。陈清泰认为，核心竞争力，是指一个企业不断创造新产品和提供新服务的适应市场的能力，不断创造管理的能力，不断创新营销手段的能力。张瑞敏也有类似的观点，认为创新是海尔文化的价值观，也是真正的核心竞争力，创新是核心竞争力的灵魂。而且，企业技术能力以及创新能力与企业核心能力在概念上具有越来越强的趋同性。

基于上述分析，笔者认为，企业核心竞争力是指企业独有的、能为企业带来消费剩余的、支持企业可持续性竞争优势的核心能力。确切地说，企业的核心竞争力是在企业长时间发展过程中形成的，蕴含于企业内质的，企业独有的，能为企业带来价值性的，支持企业过去、现在、未来竞争优势，并使企业长时间内在竞争环境中能取得主动的核心能力。例如，在麦当劳快餐公司的核心竞争力中，除了具有快捷的服务体系之外，还有公司的价值观念和文化等深层次的内容，而这些深层次的内容是难以用语言、文字、符号来表示的。正因如此，企业的核心竞争力很难被竞争对手完全了解、轻易复制，从而成为企业独特的战略性资源。企业核心竞争力具备以下几个主要特征。

第一，价值性。核心竞争力富有战略价值，使企业在创造价值、降低成本上优于对手，促进企业效率的提高。它能为顾客带来长期利益，为企业创造持续竞争的主动权，为企业创造超过同业平均利润水平的超额利润。

第二，稀少性。企业核心竞争力为企业独自拥有，是在企业发展过程中长期培育和积淀而成的，孕育于企业文化，深深融合于企业内质之中，为该企业员工所共同拥有，难以被其他企业所模仿和替代。

第三，延展性。企业核心竞争力可以有力支持企业向更有生命力的新事业领域延伸。企业核心竞争力是一种基础性的能力，是一个坚实的"平台"，是企业其他各种能力的统领。企业核心竞争力的延展性保证了企业多元化发展战略的成功。

第四，不可替代性。这就是说与某企业相比，其他企业不具有战略对等的资源。总体而言，一种能力越难以替代，它所产生的战略价值就越高。能力越是不可见，企业就越难找到它的替代能力，竞争对手就越难模仿它的战略以产生价值。企业的专有知识以及建立在经理与非经理员工之间信任基础之上的工作关系就是很难被了解，也很难被替代的能力。

第五，难以模仿性。有一种或几种原因可以产生难以模仿的核心竞争力。首先，企业有时能基于独特的历史条件开发公司能力，即在公司发展过程中，企业不断地积累那些独特的、能反映它们特有的历史路径的能力和资源。其次，企业竞争力和竞争优势的界限比较模糊也使核心竞争力难以模仿。在这种情况下，竞争对手无法清楚地了解企业怎样利用它的竞争力作为竞争优势的基础。结果是竞争者们不能确定他们需要建立什么样的竞争力，不能得到与竞争对手的战略所获得的同样的利益。最后，社会复杂性是核心竞争力不易被模仿的第三个因素。社会复杂性意味着许多企业的能力是复杂社会现象的产物。这种例子包括企业经理之间以及经理与雇员之间的人际关系、信任、友谊和企业在供应商与客户之间的声誉。

在操作上，要使一种能力成为核心竞争力，就必须从客户观点来看，它是有价值的和难以替代的；从竞争对手来看，它是独特的和难以模仿的；从公司角度来看，必须具有延展性。

（一）核心竞争力的特征

经过对众多核心竞争力研究的总结，作为竞争优势的本源，核心竞争力应具备以下五个特征。

1. 价值性

核心竞争力是富有战略价值的，它能为企业创造更高经济价值；它能为企业降低经济成本；它能为顾客提供独特的价值和利益，最终使企业获得超过同行业平均利润水平的超值利润。

2. 独特性

企业核心竞争力是企业在发展过程中长期培育和积淀而成的，企业不同，它的形成途径不同，它为本企业所独具，而且不易被其他企业模仿和替代。"它必须是独一无二的，并能提供持续的竞争优势"。

3. 延展性

即核心竞争力的延展使企业获得核心专长以及其他能力，它对企业的一系列能力或竞争力都有促进作用，它为企业打开多种产品市场提供支持，"它必须为各种产品或服务提供支持"。它犹如一个"能量源"，通过其发散作用，将能量不断扩展到终端产品上，从而为消费者源源不断地提供创新产品。

4. 动态性

企业的核心竞争力虽然内生于企业自身，但它是在企业长期的竞争发展过程中逐渐形成的，与一定时期的产业动态、企业的资源以及企业的其他能力等变量高度相关的，随着彼此相关的变化，核心竞争力内部元素动态发展，导致核心竞争力动态演变，这也是一个客观必然。

5. 长期培育性

企业核心竞争力不是一个企业能在短期内形成的，而是企业在长期的经营管理实践中，逐渐形成并培养发展的。核心竞争力具有的独特性、动态性的特征也都与其长期培育性有直接的关系。

（二）核心竞争力的构成

对核心竞争力特征的分析，为探求核心竞争力的构成提供了标准。经过研究发现，企业在三个层面上的能力具备了上述五个特征，即企业文化力、学习力、创新力。三力对于企业竞争优势的产生起到了决定性的作用，核心竞争力正是这三力有机结合构成的企业竞争优势的能量源。

1. 企业文化力

企业文化力是核心竞争力的起源。《辞海》中是这样解释文化的：广义地讲，文化是人类在社会实践中所创造的物质财富和精神财富的总和；狭义地讲，文化是指精神财富，包括意识观念、社会制度、社会心理、生活方式、行为规范、时尚习惯等。但是，就文化的本质而言，主要是指社会精神层面的东西，如知识、信仰、艺术、道德、风俗以及部分物化的精神，如礼仪、制度、行为、方式等。它具有三个基本特征：一是能为人们提供某种行为模式，并激励或限制行为的结果；二是可以借助某种载体进行传播或传递，并在人类社会发展中衍生、继承，生生不息；三是价值观念是文化的核心。从文化的含义和特征上就可以看出，尽管文化是一种无形的东西，但它广泛地存在于人类社会和一切人群组织之中，并且通过作为社会和组织中的主体的人的活动表现出来。同时，文化通过对人的作用也体现了它作为推动社会和一切人群组织的作用，这就是文化力。

企业是一个经济意义上的人群组织，企业文化这个词是由组织文化演化而来，广义上来讲，企业文化是指企业创造的独具特色的物质财富和精神财富的总和。狭义的企业文化是指企业创造的具有本企业特色的精神财富，包括思想、道德、价值观念、人际关系、传统风俗、精神风貌以及与此相适应的组织与活动等。在此本文更倾向于它的狭义解释，它更加接近文化的本质。企业文化通过对企业员工的作用产生对企业的深层推动，这就是企业文化力。

文化作为一种可传承性的资产，本身就具有巨大的价值，当企业文化力作用到企业的产品时，这种价值更是难以估量的，从消费产品到消费文化，企业文化力的价值性越来越受到人们的重视。从文化的特征来看企业文化力，它的形成是一个长期的动态的过程。企业文化在长期的培育过程中，由于每个企业的员工、企业的发展过程、经营管理手段方法以及成长的环境各不相同，企业文化具有鲜明的企业特征，并且伴随着企业的成长，独特的企业文化力也在动态地发展变化。因此，企业文化力具备了核心竞争力的特征，它位于核心竞争力的中心，激发学习力和创新力的产生，当二力形成时又不断为其提供丰富的精神能量。

2. 企业学习力

企业学习力是企业文化力作用的结果，位于企业核心竞争力的第二层面。学习力是将外部知识进行企业内部化的能力。企业文化中精神力的作用通过学习力使知识内部化、隐性化，为企业创新力提供了知识源泉，同时，通过它对知识的沉淀，使企业获得新的价值、新的管理方法，使企业文化力更加强大。因此，它是连接企业核心竞争力中企业文化力和创新力的纽带和桥梁。普拉哈拉德和哈默尔最初在定义核心竞争力时也认为核心竞争力是企业内部的积累性学习在产业结构突变、游戏规则重写的新竞争时代，学习力是应变的根本，只有重视学习、用心学习，组织才能彻底改变，企业才具有竞争优势。

学习力的培养也是一个长期的过程，它是在一种先进的企业文化力的作用下，在工作中不断实践、不断再学习中动态形成的。在企业文化力作用下长期培养形成的学习力本身就具有很高的独特性，而它又使企业从外部获得的知识内部化，企业内部的知识隐性化，这种隐性化的知识也具有高度的不易模仿性，同时，这种隐性化的、不易模仿的知识在转移到产品中时，无疑增加了产品的价值，因此学习力同样具有价值性。可以看出企业文化力作用下的学习力同样具备核心竞争力的特征，它为创新力的产生奠定了知识基础。

企业学习力是企业为了形成其核心竞争力，围绕信息和知识所采取各种行动的能力，它是企业通过对信息和知识的及时认知、全面把握、迅速传递，达成共识，并做出正确、快速的调整，以利组织更好地发展的能力，是企业在知识经济时代拥有比自己竞争对手更快获取知识的能力。在企业核心竞争力结构中，企业学习力是联系文化力和创新力的桥梁和纽带，它的结构是由学习力的核心——学习精神，以及围绕核形成的学习机制、学习过程三个层面构成的。

（1）学习精神

学习精神是企业全体员工对于学习的一种意识，是企业学习态度、动机等综合体现。它决定了学习力的发展方向，还在很大程度上决定了学习力作用结果的质量。学习精神是企业精神的一次升华，是企业精神在学习力层次上的体现。它是学习力结构的核心，决定和影响着学习力结构中其他层面的形成和发展，可以说，学习精神是企业学习力的原型，它为企业学习力的形成提供了精神力量。如果没有一种开放的、彼此信任与理解的、愿意承担风险的、鼓励对话、共享与合作的、激励个人与组织共同成长的学习精神，任何造就组织学习力的努力将化为泡影。

（2）学习机制

作为核心竞争力这个有机体的一部分，企业学习力的有效运行和发展，需要一定的机制来支持和推动，这种机制就是学习机制。它是企业造就学习力的内在机能，是构筑并增强学习力的保证。学习激励制度和学习型组织是学习机制的两个重要组成部分，学习激励制度是创造满足员工学习需要的条件，激发、引导、保持和规划员工的学习行为的一系列规则和规范，它是学习精神的物化体现。企业的学习力从产生、发展到成熟、完善的成长过程，都需要全体员工的积极支持和主动参与，然而随着社会的发展和人们思想意识的改变，以往的强压与动员的方式似乎已经失去了时代的宠爱。正如罗伯特塔克所说："强迫手段能够带来的只是对命令的被动的服从而已，只有当人民真正地被说服了，认识到政策的正确性，他们才会主动、全力以赴地支持"。因此，适当有效的激励是企业学习顺利进行的重要保障。学习机制的另一个重要方面，就是建立适合企业进行学习的学习型组织。学习型组织是一种代表未来的新型组织形态，它以持续性的、与工作相融合的学习为特征，强调通过学习（特别是组织层面的学习）来改善组织的工作绩效。同个人学习不同，企业学习是群体行为，具有特殊的机制，建立学习型组织，便于明确目标和加强管理。特别是作为一种团队式学习，学习方法是互相配合以萃取高于个人智慧的集体智慧，没有学习型组织是难以保证的。建立学习型组织是企业持续提升学习力的根本保障。

（3）学习过程

企业学习的过程就是在学习精神的指引，学习机制的保证下，企业的学习型组织不断修炼的过程。彼得圣吉博士在其所著的《第五项修炼——学习型组织的艺术与实务》一书中详尽地阐述了学习型组织的五项修炼，即自我超越、改变心智模式、建立共同愿景、团队学习、系统思考。自我超越是学习型组织的精神基础；改变心智模式要求人们学会有效地表达自己的想法，并以开放的心灵容纳别人的想法；建立共同愿景是将员工个人的愿望和远景整合为企业共同愿景；团队学习是学习型组织最基本的学习形式；系统思考是五项修炼的核心与基石，它使人们从迷失复杂的细节到掌握动态的均衡搭配。彼得圣吉认为五项修炼是有机的整体，缺一不可，需要坚持不懈。通过五项基本修炼，不但能使学习型组织发挥其促进学习的功能，使知识和信息被吸收、传播、共享转化，而且能激发企业的创新力。

由此，企业学习力的核——学习精神、学习机制和学习过程，共同构筑了企业学习力，一方面促进了企业文化力的积淀，另一方面，为企业创新力提供了雄厚的知识基础。

3. 企业创新力

创新力是企业学习力的进一步延展和升华，虽然学习力能使企业迅速缩短同竞争对手的差距，但是企业如果只停留在学习阶段还不能具有核心竞争力，因为简单的学习不能产生企业的独有专长，必须在学习的基础上，通过将已有知识综合发展，创造出新的更为先进的知识，才能使企业最终获得持久的竞争优势。我们所言的企业创新力的表现远不止是技术创新，还包括组织的创新、管理的创新、价值的创新等，这些创新的综合结果是企业的核心专长。因此，创新力是核心竞争力中最易直观感受的，许多学者也认为（尤以创新经济学者）创新力就是企业的核心竞争力，然而创新力只有在企业文化力的作用下才能有正确的发展方向，而学习力也为创新力提供了知识基础，同时企业价值观的创新、学习方法的创新又使企业文化力和学习力得到进一步发展和升华。

创新力使企业能够结合自身的资源情况，发展本企业特色的核心专长，这个过程也是创新力的进一步延展。这些核心专长具有更高独特性、不易模仿性，当创新力发展的核心专长转化为产品时，顾客会从中得到更高的价值，而企业可获得超过同行业水平的超值利润。因此创新力具有更大的价值性。而创新力是在企业文化力的作用下，经过长期不断地学习、实践，再学习、再实践培育形成的，创新力在这个动态的发展过程中为企业的核心专长在市场竞争中提供源源不断的能量，从这个角度看，它为企业带来的竞争优势更为明显和长久。因此，在企业文化力和学习力作用下的创新力同样具备核心竞争力的特征，是核心竞争力中的重要组成部分。

著名经济学家约瑟夫熊彼特（Joseph A. Schumpeter）在《经济发展理论》一书中是这样解释创新的："创新是建立一种新的生产函数"，在知识经济时代，它就是指对知识的创造性地重新融合。创新力是企业核心竞争力中最高层次的能力体现，它是企业将知识再组合、再创造、再输出，以不断改变或重新设计自身来适应持续变化的环境的能力。企业创新力位于核心竞争力的外层，它承载了来源于企业文化力和学习力中最精华的部分，同时它又是对外输出其他各种专长的窗口。同样，企业创新力也具有核化结构，创新精神是企业创新力的核，创新机制、知识储备、创新过程依次围绕核共同构成了企业创新力。

（1）创新精神

创新精神是企业精神的再一次升华，是企业精神的最高体现。创新精神是企业创新力的核心，是创新力的精神动力源。它支配和影响着创新力结构中的其他因素。创新精神始于企业家，终于每个员工，如果没有企业家的创新精神，企业便不可能打破旧的、过时的东西，开创企业乃至社会生产和生活方式的新局面；如果没有企业家的创新精神，既不可能产生企业的核心技术专长，也不可能产生企业高效率的组织形式、管理方法和先进制度，更不可能产生企业新的市场机会。而且只有当这种精神真正地深入每个员工心中，企业才有可能造就企业创新力乃至企业核心竞争力。

（2）创新机制

创新机制是企业造就创新力的内在机能。企业创新力的发挥是在一定的环境和条件下进行的，创新力要受到各种因素和各方面关系的激励和约束。这些环境、条件、激励和约束是在一定机制下形成的。企业创新机制的建立和完善，是造就并增强创新力的保障。同学习机制相似，创新机制集中体现为制度机制和组织机制。创新激励制度是制度机制的核心，有效完善的激励制度能够激发员工的创新意识，促进企业创新力的建设。而学习型组织的进一步完善和发展也为造就企业创新力提供了组织机制的保证。当组织学习力提升到一定高度，学习型组织通常会拥有一种开放的文化、扁平而柔性的组织结构，它们鼓励知识自由流动，拥有知识共享和创新的机制，允许员工从失败中学习，并引领员工不断超越，朝着既定的共同愿景努力。因此，创新机制的合理运作是企业造就创新力的保障。

（3）知识储备

企业创新力的发挥是企业整体的知识储备扩大并由此产生出新概念、新思想、新体系的过程。因此足够量的知识储备是企业造就创新力的基础。企业学习力作用的结果是知识集约、知识交流，知识集约过程使企业从外部获得的知识得到识别、收集和存储，知识交流过程则使企业各个部门单位的知识储备通过交流、共享，扩展为整体的知识储备。当学习力充分发挥作用时，知识的储备高效率地进行，从而为企业造就创新力提供知识基础。

（4）创新过程

创新过程是企业在创新精神的指引下，创新机制的保障下，一定知识储备的基础上在若干方面发挥创新力的过程。它包括：技术创新、管理创新、制度创新、组织创新、文化创新等。技术创新是一种新思想和非连续性的技术活动，经过一段时间后，发展到实际和成功应用的程序。技术创新体现了更多的知识含量，它的直接结果是企业所具有的能力甚至是企业的核心专长，因此它是创新过程的核心。管理是劳动分工的产物，是现代企业生产经营效益的来源，通过不断创新才能进一步提高管理效率，提高企业效率和效益。管理创新包括管理思想、方式、手段、模式等的创新。制度创新是对企业内部人们之间原有的契约关系进行调整或改革，为企业持续创新提供制度化的动力和机制，使企业在激励机制、资源配置和收入分配等方面获得更高的效率，它是技术创新、管理创新的保障。企业的组织形式会对企业能力和企业运行效率产生决定性影响，组织创新能够促进企业学习力、创新力的培育。文化创新包括构成企业文化各个要素的创新，作者更强调对企业核心价值观的创新，即立足实践、与时俱进地赋予核心价值观新的内涵。

因此，企业创新力的核——创新精神以及其外层创新机制、知识储备、创新过程构筑了核心竞争力最外层——企业创新力，为企业的竞争优势供应丰富的能源。

通过以上分析，核心竞争力是通过企业文化力以及在企业文化力作用下产生的学习力和创新力三者的有机结合表现出来的，分布于企业组织中的、持续支撑企业竞争优势的能量源。

在核心竞争力内部，企业文化力位于其中心，是学习力、创新力的精神动力源；学习力位于文化力和创新力之间，是它们的桥梁和纽带，它使企业获得知识的积累，也为创新力提供了知识基础；创新力在核心竞争力的最外层，它能使企业形成核心专长，使企业最终在市场竞争中获得竞争优势。因此，三力复合形成的企业核心竞争力是企业竞争优势真正的本源。核心竞争力一方面向外为企业提供源源不断的竞争优势；另一方面，在它内部，从企业文化力到学习力，再到创新力，不断地传递着能量，同时创新力又将传来的能量不断放大，通过文化价值观的创新使企业文化不断升华，使企业文化力更加强大，从而使文化力为学习力、创新力提供更加强大的精神动力。可见，从文化力到创新力，再从创新力到文化力，核心竞争力本身就是一个动态发展的体系，正是它内部三力之间能量的不断传递、循环与放大，使企业获得了源源不断的竞争优势。我国企业应该充分认识企业竞争优势本源——核心竞争力的内涵和结构，为企业下一步核心竞争力的识别和培育奠定基础。

二、企业核心竞争力的理论框架

企业核心竞争力理论框架主要包括核心竞争力的基本思想、核心竞争力的构成、核心竞争力管理。

（一）核心竞争力的基本思想

核心竞争力理论的基本思想可以概括为以下几点。

第一，企业本质上是能力竞争力的集合体。核心竞争力是多种具有竞争优势的能力集合体而非单项具体的技能或技术。

第二，竞争力竞争本质上是公司竞争。竞争力竞争不是产品与产品或业务与业务之间的竞争，而是公司与公司之间的竞争。

第三，竞争力竞争有四个层次。竞争力竞争发生在由下至上的四个层次。一层次的竞争目标是开发与获取构成核心竞争力的技能与技术；二层次是综合核心竞争力的竞争；三层次的竞争出现在核心产品或者关于服务的核心平台。四层次是最终产品份额最大化的竞争。

第四，核心竞争力价值是变化的。核心竞争力价值并不是永久不变的，而是随着时间的推移会发生改变，某个 10 年内的核心竞争力到另一个 10 年就可能仅是一种一般能力。

（二）核心竞争力的构成

核心竞争力的构成可分为横向构成和纵向构成。

1. 核心竞争力的横向构成——核心竞争力的维数

基于普拉哈拉德的观点——"核心竞争力是多种技术（硬件与软件）、集体学习（多层次、多功能）和共享能力（跨业务与地理位置）三类要素的组合，具有这三类要素相乘的功能"。笔者认为，核心竞争力在构成上可以看成由具有竞争优势的核心产品竞争力、市场竞争力、知识技术竞争力、人员竞争力、组织竞争力在企业内的集成，可表示为：企业核心竞争力＝核心产品竞争力 × 市场竞争力 × 知识技术竞争力 × 人员竞争力 × 组织竞争力。

这里，市场竞争力主要是指公司的市场占有能力（公司产品在整个行业或地区的市场份额）、销售能力（销售渠道的宽广、销售额的多少）、客户关系管理能力（公司与客户所建立的关系是否稳固）；知识技术竞争力是指公司独有的且富有竞争优势的技术技能、诀窍、专利、版权、业务流程等所表现出来的竞争力；人员竞争力是公司员工（特别是核心员工）所表现出来的竞争实力；组织竞争力主要是指企业独有的且富有竞争优势的知识管理能力、创新能力、企业文化、组织结构、战略决策、管理制度与方法、组织学习能力等。这四种竞争力与核心产品竞争力一同组合起来就构成核心竞争力。

2. 核心竞争力的纵向构成——核心竞争力层次

核心竞争力维数是从横向揭示其构成，而从纵向来看，核心竞争力可分为基本能力、关键能力、核心竞争力三个层次。

这里，基本能力是核心竞争力的构件块，基本能力可以分为如下几类：产品能力，即与核心产品在市场上所表现出来的竞争力；市场能力，即企业在市场中的营运能力，包括销售、广告、咨询、货品计价、客户满意监控等方面的能力；基础结构能力，即那些与公司内部运作有关的、外部不易见到的能力，如管理信息系统或内部培训；技术能力，即那些直接支持产品与服务的能力；员工能力。而关键能力主要是技术能力或市场能力，它们可以降低成本，提高产品或服务差异、快速进入市场或产生更大的竞争障碍；关键能力的建设是战略业务单位层次的一种关键战略要素。

（三）核心竞争力管理

核心竞争力是能力的集合体，更确切地说，是关键能力的集合体，它主要包括核心技术竞争力与核心营销竞争力两类。后者包含产品管理、定价、意见沟通、销售和分配。虽然每类竞争力可以一样强大，但是核心技术竞争力特别重要，因为它能跨越市场边界为核心产品提供优势基础。

要使核心竞争力观点在组织内付诸实践，整个管理团队需要全面了解并参与五项关键核心竞争力管理工作，即识别现有的核心竞争力、制订获取核心竞争力的计划、构建新的核心竞争力部署核心竞争力、保护与保持核心竞争力的领先地位。

第一，识别现有的核心竞争力。管理核心竞争力的首要任务是编写核心竞争力一览表。这需要花大力气去从产品与服务中清理核心竞争力，区分核心与非核心竞争力，把各种技能与技术做有机地汇集与整合，最后确立能说明问题、富有洞察力与创见性，并能提升共享认识的核心竞争力定义，一般需要数月而非几周的时间。为此，建议由几个团队来从事定义核心竞争力的工作，鉴别各种要素对每种核心竞争力的贡献，而且公司还要根据其他公司的核心竞争力对自己的核心竞争力进行基准检查。

第二，制订获取核心竞争力的计划。此阶段的首要任务是确定核心竞争力—产品矩阵。它能够区分现有的与新的核心竞争力以及现有的产品市场与新的产品市场。

第三，构建新的核心竞争力。建立一种世界领先的核心竞争力需要花费 5 年、10 年或更长时间，关键在于持之以恒。而要做到这一点，首先，公司内部对将要构建何种核心竞争力应该意见一致。其次，负责建立核心竞争力的管理团队应保持相对稳定。如果没有这种一致性，而各个不同业务单位又只顾建立单独的竞争力，那么公司在核心竞争力建设方面就会力量不集中，或根本不能构建新的核心竞争力。

第四，部署核心竞争力。要使核心竞争力在多种业务和新市场上发挥作用，通常需要在企业内部重新部署核心竞争力——从一个部门或战略业务单位转移到另一个部门或战略业务单位。许多公司有相当规模的核心竞争力存量——许多拥有世界级技能的员工，但是只有几乎为零的核心竞争力转移速度——在新市场机会中重新部署这些员工。虽然人力资源经理可以自豪地宣称人员是最重要的资产，但是缺少人力资本的分配机制，而这种机制能够巧妙与完全地执行资产分配程序。此外，公司还应该避免不必要的核心竞争力的地区分裂。

第五，保护与维持核心竞争力的领先地位。核心竞争力领先地位的丧失有多种方式，包括由于缺少资金而衰退下来、在部门化过程中变得不完整、由于疏忽核心竞争力被联盟伙伴带走或者当抛弃某项效益欠佳的业务时丢失核心竞争力等。如果高层经理不清楚核心竞争力状况，那么就无法保护公司核心竞争力免受侵蚀。部门经理应该被委以跨部门管理特定竞争力之责，并负责这些竞争力的健康发展。公司要定期召开"竞争力总结"会议，重点讨论竞争力的投资规模、加强组成技能与技术的计划、内部配置方式、联盟和外购的影响。

第二节 人力资源管理与企业核心竞争力融合发展的关系

一、人力资源管理与企业核心竞争力的内在联系

（一）人力资源管理是企业核心竞争力的关键

由于企业核心竞争力是一个以企业技术创新能力为核心，包括企业的反应能力、生产制造能力、市场营销能力、连带服务能力和组织管理能力在内的复杂系统。而技术创新能力等诸项能力的状况与增强又取决于人力资源的状况与开发。因此，可以说企业核心竞争力的关键在于企业人力资源管理。离开了企业人力资源管理，企业核心竞争力便会成为无本之木，无源之水。

1.企业核心竞争力的强弱取决于企业人力资源的状况

人力资源是企业首要的能动性生产要素。虽然人力资源与生产资料、资金、技术等一样都是企业的生产要素，在整个企业正常运营中缺一不可。但是，诸要素的作用却不相同，其中，唯有人力资源是起决定性主导作用的第一要素，是能动性要素，生产资料、资金、技术等均被动地由人力资源使用与推动。企业人力资源与企业核心竞争力及其各组成部分的关系也正是这种主导与辅助、能动与被动的关系。企业科技人员的能力与水平决定了企业技术创新能力的强弱，企业经营管理人员的能力和水平决定了企业反应能力、市场营销能力和组织管理能力的强弱，企业生产工人的能力和水平决定了企业生产制造和连带服务能力的强弱，企业全体员工的整体素质和能力决定了企业核心竞争力水平。

正是从这个意义上来说，企业人力资源的状况决定了企业核心竞争力的强弱。例如，某集团，其成功的根本就是对人力资本的重视及其制度支持，一开始就注意到人力资本产权的重要性，尤其为科研部门设立了有效的激励机制，如提供良好的工作环境与待遇，激发了人力资本的积极性，正是技术、治理机制和学习能力相整合而形成的核心能力为其创造了竞争优势。

2. 企业核心竞争力的培育过程是企业人力资源管理的过程

企业核心竞争力的培育过程可以划分为三个阶段：第一，开发与获取构成企业核心竞争力的专长和技能阶段；第二，企业核心竞争力各构成要素整合阶段；第三，核心产品市场的开发阶段。

在企业核心竞争力的整个培育过程中，哪个企业能够获得最关键的技术、耗费的时间最短、核心产品市场份额最大，哪个企业的核心竞争力就最强。而在这个过程中，最关键的是要有足够数量的高素质人才。因此，管理企业人力资源自始至终地贯穿于企业核心竞争力的培育过程。

企业人力资源的管理就是为了全面实施企业的发展战略，不断增强企业核心竞争力。而对员工的智力、知识水平和技术能力进行开发与提高，对员工的企业本位意识和敬业精神进行培育的全过程，有效的人力资源管理恰恰是与企业核心竞争力的培育密切结合而进行的，为企业核心竞争力的形成与增强奠定坚实的人力资源基础。

3. 企业核心竞争力的增强是企业人力资源管理的根本目的

不断增强企业核心竞争力既是企业自身发展的迫切愿望，又是市场经济条件下企业生存与发展的客观要求。必须全面、深刻地分析与研究增强企业核心竞争力的有效措施。从企业核心竞争力的内涵和构成以及一些成功企业的实践经验来看，全面系统地进行企业人力资源管理是增强企业核心竞争力的重要措施。企业人力资源管理是以企业全体员工为管理对象对员工的智能进行的开发管理。

具体内容包括三个方面：一是启发培养员工的智力，如理解力、思维判断力、想象力、创造力等；二是提高员工的技能、实际操作、运用创新技术的能力和科学技术、文化知识水平；三是充分调动企业员工工作积极性、主动性，培养其敬业精神。上述第一、第二方面是培养能力、挖掘潜能的过程，第三方面是促使其全部能力充分释放的过程。由以上管理内容所决定，企业人力资源管理是一个立体交叉开发系统，具体包括企业人力资源管理的规划系统企业人力资源管理的投入／产出系统、企业人力资源管理的评估系统。

企业人力资源管理的根本目的是，通过对科技人员的管理增强企业技术创新的能力，通过对经营管理人员的有效管理增强企业反应能力、组织管理能力和市场营销能力，通过对生产工人的有效管理增强企业生产制造能力和连带服务能力。通过各方面能力的整合增强企业的核心竞争力。

在世界经济一体化、知识经济已经出现的当今时代，企业要生存和发展就要具有自己的核心竞争力，而企业核心竞争力的培育与增加需要企业不断地进行人力资源的开发。企业应高度重视人力资源开发对增强企业核心竞争力的影响，有效地做好人力资源开发工作，为企业核心竞争力的增强奠定坚实的人力资源基础。

（二）人力资源管理与企业核心竞争力的关联性

已有的研究大多采用实践定位的视角，来证明人力资源管理能形成竞争优势，强调人力资源管理的价值超过人力资源集合的质量。

我们认为，通过人力资源管理，通过影响人力资源行为而在这种集合和核心竞争力之间关系上的中介作用，通过人力资源资本集合和员工行为，人力资源管理可以产生核心竞争力。存在这种可能，人力资源资本原本就可能存在于公司中，但没有被经理所发现和利用。然而，通过经理控制下的人力资源管理，如挑选、评估、培训、薪酬系统来吸引、确认和保留高质量的员工，这种人力资源资本就能够被开发，并产生与组织目标相一致的行为，继而形成核心竞争力。

人力资源管理是人力资本集合和公司有效性之间关系的中间变量，这种中间变量角色可能解释为什么许多公司强调人力资源的重要性，而只有极少数的公司能够开发出作为竞争优势的人力资源。核心竞争力仅仅在人力资本集合和人力资源实践相互作用中形成。公司虽然能够模仿那些显然使其他公司成功的人力资源管理实践，但只有通过在特定的环境下使用这些人力资源实践，人力资源管理才能成为企业核心竞争力之源。

而人力资源管理在企业核心竞争力中所发挥的作用，主要是通过以下三个方面实现的。

第一，人力资源管理能改善公司对关键环境变量变化的敏感能力；高水平的人力资源管理将通过适应环境复杂性的监控分散化而增加组织的监控能力；监控不再仅由中心部门执行，更多的信息将更多地来源于接近真正利益相关者团体的员工。

第二，人力资源管理也能产生设计更为有效的应对环境变化的战略的能力。尽管高层经理负责公司战略方向的设定，许多下属单位开始开发必要的战略和战术，以有效地对他们特定的环境起作用。

第三，战略一旦被设计出来，需要迅速而有效地得到执行。这种挑战要求来自员工队伍的灵活性和适应性。很显然，高水平的人力资源管理能提供高度的灵活性，以使组织适应新的技术或新的环境。最近的研究证明，具有高认识能力的组织比认识能力低的组织更能够学习与工作相关的知识；拥有高水平人力资源集合的公司将比拥有低能力员工队伍的竞争对手有优势。

二、人力资源管理对企业核心竞争力的作用机制

（一）黑箱模型

人力资源管理的各项实践活动对于企业核心竞争力有着或多或少的影响，这种影响不仅体现在企业的财务业绩上，还体现在对企业战略的实施与战略目标的实现等方面。那么，从整体上讲，人力资源管理与企业核心竞争力之间具有什么样的关系呢？已有研究采用累计叠加方法来测量两者的关系，即将每一项人力资源管理的实践活动所产生的影响简单叠加为一个整体变量，来衡量人力资源管理对企业效益的影响。

换言之，就是看企业竞争力中有多少能够为某一项特定的人力资源管理实践活动做解释。对于这种理论方法只要略加分析就会发现它的不科学性。如果人力资源管理的实践活动的项目数是不断增加的，或者从事人力资源管理活动的人数增加了，采用累计叠加方法求得整体变量必然是增加的。显然这种解释是不合实际的。

影响企业发展的管理政策和活动除了人力资源管理之外，还包括财务资源管理、物质资源管理、信息资源管理和市场资源的管理等。而所有的管理活动最终都要靠人来实现，每一种资源的管理和企业竞争力之间的关系都不是简单的线性关系，很难说企业竞争力提升中有多少是由于某一种资源的管理引起的，难以确定一种资源管理投入的增加或减少与企业竞争力提升或下降之间的定量的关系。由此可见，企业的人力资源管理与企业核心竞争力之间是一种黑箱关系。

国内外学者都在试图将人力资源管理与企业核心竞争力之间关系的"黑箱"明朗化。美国人力资源管理专家克雷曼提出"通过人力资源管理实践获取竞争优势的模型"。另外，菲里斯等人对人力资源管理与企业效益之间的中介关系和相互作用过程进行了分析，提出了一种社会背景下的人力资源管理与组织效

率关系模型等。

由于企业核心竞争力的提升是企业所处环境、企业自身发展阶段、企业经营战略、人力资源管理实践、人力资源管理支持等多种因素相互联系、相互依存的复杂系统行为的结果，人力资源管理无法单独对企业核心竞争力产生作用，必须与其他各种因素相互配合才能产生效果。而各影响因素之间又是相互联系、相互渗透的。要想把人力资源管理从这一复杂的影响因素体系中剥离出来进行分析是相当困难的。

（二）环节控制模型

有效的人力资源管理和开发活动，可以有效地提升企业的核心竞争力。人力资源管理对企业核心竞争力的促进作用贯穿于人力资源管理和开发的全过程中，包括人力资源战略规划、人力资源管理的职责定位、人力资源的获取与再配置、企业绩效管理体系的建立薪酬设计与管理人力资源培训与开发系统的建立等。

人力资源管理通过其各个环节对企业竞争力作用的过程被称为环节控制模型。同时随着知识经济的来临和企业中知识型员工比例的提高，人力资源管理和开发的实施已不仅仅由人力资源管理人员来完成，各部门的管理人员、企业的高层管理者甚至企业中的每一名员工都要参与其中。

人力资源管理对企业核心竞争力的影响体现在多个方面，可以从多种不同的角度和层面来进行研究，并且对于不同行业特点的企业、企业的不同组织类型、企业的不同发展阶段以及企业所处的外部宏观经济环境的不同，人力资源管理对企业竞争力的影响和作用机制也不尽相同。下面我们将从人力资源管理过程和宏观、微观两个层面，探讨人力资源管理对企业核心竞争力的提高过程。

人力资源管理活动依照其在企业管理中的作用，可分为功能性活动和辅助性活动，它们在企业管理活动中起着不同的功能作用，两者相辅相成构成完整的人力资源管理系统。

　　人力资源管理系统依靠组织输入其需要的各种资源，包括环境、技术、市场机会、经济来源、劳动力等。同时它也为组织和个人带来输出，其输出最终表现为企业效益的增加和整个组织目标的实现。在企业的发展过程中，人力资源管理要想在企业管理中充分发挥作用首先必须弄清楚整个组织目标和战略意图。有效的人力资源管理总是立足于组织目标和企业的发展方向来开展各项工作。世界上许多著名的大型跨国企业通过以下三种途径将人力资源管理与公司经营战略相联系：第一，为实现公司战略目标而选择人力资源管理系统构建与运作方式；第二，在一定战略目标或环境下预测人力资源的需求并实施管理；第三，在公司战略目标与组织结构相统一的整体中努力融入人力资源管理。

　　三种途径虽然各有特色，但共同之处在于人力资源管理活动总是围绕组织目标来制订计划，将组织目标转化为人力资源管理各子系统的目标，形成相互配合的目标体系，共同致力于组织目标的实现。

　　人力资源管理计划的制订与实施的首要任务就是为组织配置人员。人员的配置到位是组织运转的开端和持续运行的基础，具有十分重要的作用。事实上，人力资源配置调整是组织中一项经常性的工作。

　　随着市场竞争的日益激烈以及国家宏观政策的不断变化，为适应经济环境的变化，企业必须不断改变与调整组织结构，这势必引起人力资源配置的变化。人力资源管理与开发的核心问题是力图动态地实现组织内人力资源配置优化。为此，要按照组织的要求改变内部环境，确定内部各部门的岗位责任制，建立组织发展系统、奖励系统、交流沟通系统以及劳资关系系统。

　　无论人力资源管理系统如何调整，所有子系统的计划和行为都应相辅相成，紧密配合，合作协同，形成合力，力戒出现子目标的不协调和重叠与冲突。任何系统的功能从本质上来讲都取决于系统的结构，整个人力资源管理系统的执行和循环过程所产生的结果，最终表现为企业核心竞争力的提升。

第三节　通过人力资源管理提升企业核心竞争力的策略

随着经济的全球化和知识经济时代的到来，世界各国企业都面临着越来越激烈的国内和国际市场竞争，而企业核心竞争力的提升关系到现代企业的生存发展。

企业核心竞争力的提升，涉及企业管理的各个方面，其中最为主要的环节就是人力资源管理。因为人力资源是承载知识和技能的实体，是企业所拥有的专门知识和能力的总和，是真实存在可发展的，所以人力资源成为决定企业市场竞争力的关键因素。

换言之，人力资源管理是提升企业核心竞争力的重要途径。人力资源管理对于企业核心竞争力的培养，起着至关重要的决定作用。

一、基于人力资源的企业核心竞争力模型

人力资源具有不可模仿性、不完全流动、可变性、稀缺性、复杂性等特征，人力资源是企业的战略性资源，是企业核心竞争力的源泉和载体。建立了一个以人力资源管理为核心的核心竞争力的模型。企业核心竞争力由核心因素人力资源和绩效管理、学习型组织、企业文化、技术创新四大外围因素构成。

企业通过采用和强化战略性人力资源管理模式可直接提升四大外围因素的质量，间接构建核心因素和外围因素之间的紧密联系，形成企业核心竞争力的钻石模型。拥有高素质的企业家队伍、进一步改革企业体制和市场机制是保证四大路径通畅、钻石模型有效运转、企业核心竞争力得到提升所需的政策条件。

人力资源包括管理人才、科技人才、管理团队、员工忠诚度、员工素质和工作态度等因素。人力资源由数量与质量两方面构成，人力资源质量是指劳动者具有的综合的劳动能力水平，可用劳动者的健康状况、知识和技能水平及劳动态度来衡量；人力资源数量是指劳动者数量的规模。现代企业的竞争归根结底是人才的竞争，而且人力资源与其他资源相比具有独有的特征，是企业的战略性资源。人力资源是形成企业核心竞争力的重要因素之一。

该核心竞争力的钻石模型是以人力资源为核心，以绩效管理学习型组织、企业文化和技术创新四个外围因素组成。通过研究人力资源与这四个因素的相互作用以及如何整合这些职能和资源，以达到提升核心竞争力的目的。

该模型具体构成及其相互关系如下。

人力资源——绩效管理。绩效管理是一系列以员工为中心的干预活动。绩效管理的最终目标是充分开发和利用每个员工的资源来提高组织绩效，即通过提高员工的绩效达到改善组织绩效的目的，所以人力资源对绩效管理也有很大的影响。

人力资源——学习型组织。学习型组织是通过培养弥漫于整个组织的学习气氛，充分发挥员工的创造性思维能力而建立起来的一种有机的、高度柔性的、扁平化的、符合人性的、能持续发展的组织。同样，学习型组织也是现代企业人力资源管理的重要内容，通过学习型组织的创建同样有助于提升企业核心竞争力。

人力资源——企业文化。企业文化对企业的发展起着举足轻重的作用，它是企业生存和发展的原动力，指引和决定着企业发展的方向，同时也是企业各资源和职能部门的黏合剂。没有强有力文化的企业，就像是一盘散沙，各个部门独立运作，缺乏一种和谐发展的气氛。而且企业的发展方向是不稳定的，在激烈的竞争中不利于企业形成核心竞争力，更不利于企业的长久发展。文化并不是在企业诞生前就制定的规则，而是企业在发展过程中根据不断变化的环境不断修正的，而文化的载体是人，修正文化、传承文化的主体也是人，因此人对企业文化有很大的影响。有了适应和理解企业文化的人力资源，企业的文化才能得以继承并根据环境变化得以发展，才能保证企业的持续发展，并形成和提升企业的核心竞争力。

人力资源——技术创新。技术创新是企业形成核心竞争力的源泉和提升核心竞争力的保证。企业只有具备了技术创新能力，才能将各项技术和资源转化为企业的竞争优势，而只有具备了持续的技术创新能力才能把竞争优势发展为核心竞争力。技术创新只能通过人来实现和延续，企业只有具备了高素质并且认同企业文化的创新型的员工，才能把技术和资源优势发展成为竞争优势，只有留住和进一步培训员工以保持和提升其创新能力，才能将竞争优势进一步发展为核心竞争力。

人力资源与这四个外围因素共同构成了核心竞争力的模型，在战略性人力资源管理的过程中，这几个因素相互作用，互相促进，起到了提升核心竞争力的作用。

二、提升企业核心竞争力的人力资源管理策略

（一）建立学习型组织提升企业核心竞争力

学习型组织这一理念从美国学者彼得·圣吉（Peter Sankey）系统提出到欧美的实践以及我国的引入和实践，越来越显示出它的生命力和活力。

1. 学习型组织的概念

学习型组织这一概念是由美国哈佛大学教授佛睿思特（Forrester）在1965年发表的《企业的新设计》一文中首次提出来的。他的学生彼得·圣吉在1990年出版的《第五项修炼》中，提出了"五项修炼技术"，即自我超越、改善心智模式建立共同愿景、团队学习和系统思考，对学习型组织的内在含义做出了

比较全面的概括：学习型组织是一个不断创新、进步的组织，在其中，大家得以不断突破自己的能力上限，创造真心向往的结果，培养全新前瞻而开阔的思考方式，全力实现共同的抱负，一起学习如何共同学习。彼得·圣吉提出"学习型组织"理论，标志着由个人学习向组织学习的转变。学习型组织，是指组织全体成员持续地通过各种方式和途径进行学习，形成组织学习的氛围、知识创造和共享的学习机制。只有学习型组织才能适应急剧变化的世界环境，才能永葆青春活力。学习型组织有以下四个特点。

第一，强调横向联系与沟通，强调授权。这种新型组织中强调授权管理以提高对外部环境的适应性。位于较高等级职位的管理者不再扮演监督与控制的角色，而是转为支持、协调和激励的角色。

第二，学习型组织应以成员的自主管理为导向，成员自主计划、决策与协调。在此，员工决策的范围远比参与民主管理的员工的决策范围广泛得多。

第三，学习型组织应具备较强的自我学习能力。较强的自我学习能力是组织在动态复杂环境中维持生存、求得发展的必要条件。

第四，学习型组织富有弹性，反应灵活。知识、技术与信息在学习型组织中占主导地位，强调与速度的竞争。

学习型组织理论对于战略性人力资源培训具有重要的指导意义，培训是一个系统性工程，是组织整体的培训，涉及全员，要通过培训体系的建立、培训制度的执行和组织培训氛围的形成使学习和提高的理念深入组织发展之中，使培训、学习成为员工的自觉行为，切实提高员工和组织的学习能力，提升培训效果，帮助组织赢得持续的竞争优势，实现长远发展的战略目标。

2. 创建学习型组织，提升企业核心竞争力

学习型组织是 21 世纪人力资源管理的重要内容之一，通过学习型组织的创建同样有助于培养企业核心竞争力。学习型组织进入中国也已有多年，一些企业、公司正在学习研究。那么，结合中国的国情，在企业中如何创建学习型

组织，如何通过学习型组织来提高员工的综合素质和企业的核心竞争力呢？

第一，在学习中成长。当今社会是一个信息经济时代。飞速发展的 IT 产业，特别是迅猛成长的 Internet 网络，正在给我们的经济、社会与文化生活带来前所未有的冲击。毋庸置疑，21 世纪，孤独、封闭的组织是无法超越自我，超越竞争对手的。与传统的企业相比，将来的企业将变得更为智能化。知识、信息处理以及学习创新成为组织的重要能力，或者说，学习型组织将成为组织变革的主要方向。因此，组织以及组织中的个人都要不断地学习，不断地实现自我超越。

第二，创造是学习的核心。建立学习型组织，首要的问题是向谁学习，学习什么。我们不仅可以向企业外部的榜样学习，也可以在组织内部树立榜样，甚至向竞争对手学习，向自己或榜样或过去的经验教训学习，向其他行业的企业学习等。这一学习过程，就是知识获取和传递的过程，在此基础上，才能更好地创造知识。创造是学习的核心，没有创造的学习只能是简单模仿。

第三，学习型组织首先需要学习型的企业家。学习型组织的关键是企业家或经营者本人，他的学习能力是经营决策成功的关键。同时，他的思维方式改变和眼界的扩大，将为企业创造更大的发展空间。他的学习为下属树立榜样，他也是"校长"或"教授"，指导着其下属和员工的学习与互动。在学习型组织中，我们不赞成高层领导人整天沉浸于企业内部的日常事务的处理上，他应当抽出更多的时间出去走走，参加有关的各种活动，接触各个方面的人，以扩充他的知识和眼光视角，只有这样，他才能站在更高更远的角度来统率企业。因此，我们说，学习型组织首先需要学习型的企业家。

（二）加强企业文化建设提升企业核心竞争力

企业文化是人力资源管理的重要组成部分和内容。营造良好的企业氛围是现代企业人力资源管理的重要任务之一，这也是培育企业核心竞争力的重要途径之一。每一个拥有核心竞争力的企业都有优秀的企业文化，可以说，核心竞争力是在企业文化的基础上培育起来的。企业核心竞争力的特征之一就是其独特性，不易被竞争对手通过简单的模仿而获得。为了使核心竞争力具有独特性，仅有核心技术是远远不够的，必须具有能整合核心技术从而创造出竞争优势的企业文化作支撑。由于某种核心技术通常是最容易模仿的，它只有通过与企业文化的结合，才能发挥超越技术范围的功能，从而形成有别于其他竞争对手的竞争优势。通过人力资源管理，可以有助于形成培养核心能力所需的组织文化，加速核心竞争力的形成。

1. 企业文化概念

"企业文化"概念由美国管理学家彼德斯和沃特曼在合著的《寻求优势：美国最成功公司的经验》一书中系统提出。后来，美国大西洋大学管理学教授舒适特首先提出"A战略"理论，即通过改造"企业文化"进而改进企业人力资源战略。企业文化，一般有广义和狭义之分。广义的企业文化，是指企业在创业和发展过程中形成的物质文明和精神文明的总和，具体包括企业管理中的硬件与软件、外显文化与隐形文化两部分。而狭义的企业文化，是指意识形态范畴的，包括企业的思想、意识、习惯感情等。一般来讲，企业文化是指企业全体员工在长期的创业和发展过程中，培育形成并共同遵守的最高目标、价值标准、基本信念以及行为规范等。

2. 企业文化建设的基本内容

企业文化建设的内容很广泛，主要包括企业精神、企业目标、经营宗旨等方面。

企业精神：它是企业文化的核心，是企业在经营和管理实践活动中形成的能够反映员工意愿和激励干劲的无形力量，是企业发展的精神支柱。在培育和建设企业文化中，首先要抓住企业精神的培育。企业精神的概括和提炼应富有个性、特色和独具的文化底蕴。

企业目标：它是企业适应形势的发展和需要而提出的奋斗方向。企业目标是团结一致努力拼搏的基础，用目标的实现来凝聚员工，为实现目标调动全体员工的积极性、智慧和创造性。

经营宗旨：它是在企业生产经营过程中，企业员工上下所信奉的共同的基本信念和理想追求。正确的经营理念，对推动企业在市场中生存发展具有巨大的反作用力。

3.加强企业文化建设，提升企业核心竞争力

企业文化能够显著影响企业的经营绩效，并具有其他方法无法替代的隐性作用。"国家富强靠经济，经济繁荣靠企业，企业兴旺靠管理，管理关键在文化。"可见在企业中，企业文化的重要性，那如何加强企业文化建设来提升核心竞争力呢？

第一，注重提炼精神文化。优秀的精神文化是企业文化体系的核心，企业只有根据自己的特点，提炼出本企业的优秀理念，然后才能从核心上体现出企业的个性。

第二，不断创新制度文化。企业文化的建设一定要有制度保证，而在这种制度保证中要做到制度文化的不断创新。当企业内外条件发生变化时，企业制度文化也应相应地进行调整、更新、丰富、发展。成功的企业不仅需要认识目前的环境状态，而且还要了解其发展方向，并能够有意识地加以调整，选择合适的企业制度文化以适应挑战。企业要根据自己的理念，不断推出适应新的竞争形势的管理制度。在这种制度文化的创新中，要考虑是否适合本企业文化，是否能对提升本企业的文化发挥作用，用优秀的制度来保证文化建设的实施。

第三，积极倡导行为文化。企业文化建设一个非常重要的方面，就是要落实到行为之中。在企业文化建设中，企业家作为企业的领导要积极倡导优秀的行为文化，并且身体力行，做出表率，一个领导者的表率作用通常也会起到潜移默化的作用。行为文化的倡导可以分为两个层次：一是企业要有全新的管理

行为，在自己的管理行为中处处体现出本企业的文化特点，体现出企业的文化品位；二是员工要有全新的工作行为，要用爱岗敬业、诚实守信的行为来具体实践企业的文化，使社会公众通过企业员工的行为，更好地认识该企业的文化内涵。

第四，着力构建物质文化。企业的物质形态，通常也会反映出企业的文化特点，是一种让人一目了然的文化。这种物质形态表现在整洁的厂貌、现代化的工作设施和环境、具有先进理念的办公环境等，在企业的"硬件"中体现出企业的文化追求，使员工处于良好的文化氛围之中。实现企业优秀文化建设成果向企业核心竞争力的转化。

（三）进行技术创新提升企业核心竞争力

按照帕德莫尔（Padmore）和吉布森（Gibson）的观点，企业的技术创新涉及三个主要变量：基础（它作为供应变量包括资源和基础条件）、市场和企业自身，三者缺一不可。基础，是整个社会的自然禀赋所决定的，在短期内很难改变；市场，是一个受多方面影响的系统，很难从一个企业的角度去考虑市场的变化；企业自身，才是企业可以通过自己的力量实现技术创新的途径，也是通过战略性人力资源管理和技术创新相互影响，提升核心竞争力的关键。

核心竞争力是企业中的积累性学识，其本质是知识，而知识最直接的体现就是技术，一项技术优势可以发展成为企业的竞争优势，不断创新的技术就可能发展成为企业核心竞争力的组成部分。人是知识的载体，知识的传播和积累都要靠人来完成，技术同样如此，企业有了掌握高技术并有创新意识的人才，并且在人力资源管理的过程中给予他们足够的重视，才能始终保持技术的领先，保证企业有比平均水平更高的生产效率，培育和提升企业的核心竞争力。

1. 企业应提高对技术创新的重视、加大对科研的投入

从前面的分析可以看到，技术创新不但能帮助企业克服边际效应递减的影

响，提升企业的竞争力，其外部性还可以提高整个行业乃至整个社会的生产效率。而且也只有保持先进的技术和技术不断创新，企业才能在激烈的全球竞争中享受高于平均水平的收益，立于不败之地，企业应该提高对技术创新的重视力度，建立学习型企业环境。首先，企业应该加大对技术创新的资金投入力度，为企业的技术创新活动提供足够的资金保证。其次，企业应该加大对科技人才的引进力度，要提高高技术、高学历人才在员工中所占的比例，提高全体员工的创新水平，并注重对在职员工，特别是掌握熟练技术员工的培训。最后，企业还应该充分利用各类社会资源，加强与高校等科研机构的合作。企业可以将自己的科研课题、技术攻关项目外包到科研机构，也可以将科研机构的研究成果应用于实际的生产。这样不但可以节约企业的科研和人员成本，还可以化解企业科研的风险，并形成产学研的良性循环体系，有利于企业的长远发展。

2. 以技术创新，引导战略性人力资源管理

技术创新归根结底是人的因素起最关键作用，人是技术的载体，人是推动技术创新的最根本动力，以技术创新来引导企业的战略性人力资源管理就可以很好地实现人与技术创新的互相促进。

（1）科研人员招聘阶段

要想提高企业的技术水平和技术创新水平，拥有高技术的人是必不可少的，也是进行技术创新最基础的资源。企业的技术创新是全员参与的过程，但是必须也要有技术骨干起带头作用，企业在招聘员工时，就应该根据企业现有的技术和人员结构，引进企业急需的人才，这种招聘的方式可以节省企业的培养成本，降低企业培养的风险。由于技术人员不同于普通员工，他们进入企业后会掌握该企业的技术信息，甚至是核心技术信息。企业在招聘阶段必须要从企业的实际出发，不能单纯地以高学历为判定标准，应该以其科研实力；以道德品行为主要的考察目标，有了较高的科研能力才能胜任企业繁重的科研任务，有了好的道德品行，才能保证员工的稳定、保证技术的安全。

（2）对科研人员的激励

技术创新是一个长期的系统工程，一项技术创新可能会经历几年甚至十几年的研究过程，一旦研究成功，其影响也是可以持续相当长时间的。对科研员工的激励就不能同一般员工的激励一样。一般员工是根据其完成任务的数量和质量来进行物质奖励的，如果也采取这样的方式奖励科研人员，只有科研有了成果才奖励，那么这样的奖励方式就是滞后的、失败的。由于科研人员是企业技术创新的基础，是企业保持和提升核心竞争力的保证，同时他们也是企业核心技术的掌握者，必须保证科研人员的相对稳定和高的工作效率，才有利于企业的长远发展。对科研人员的奖励应该以长期奖励方式为主，对主要的科研人员应该参照高级管理人员的奖励方法，让他们参与企业的分红和分享企业的股份，只有这样才能真正调动科研人员的工作积极性，并保证他们的相对稳定性，为保护企业的核心技术和推进企业的技术创新提供保证。

（3）对普通员工的培训

在前面的分析中可以得知，企业的技术创新是一个全员参与的系统工程，企业的技术创新活动应该是一个由技术人员指导，全体员工参与其中的过程。这就不但要求高水平的科研人员，还需要有责任心和创新意识的员工。企业应该加强对普通员工的技术和技能培训，让他们了解更多的技术知识。这样不但有利于提高生产的效率，提高生产销售的质量，还有利于员工在采购、生产、销售、服务等各个阶段，从更加专业的角度发现存在的问题，提出解决的建议，为技术人员解决问题、改进技术提供第一手的资料，为技术创新提供方法和思路。

（4）对普通员工的激励

企业的一项技术创新并不是单一的一个技术成果，而是在不断地改进和革新现有技术的基础上发展来的，而科研人员不可能参与到多个方面的改进和革新，很多小的技术改进和技术革新都是一线的员工或销售人员完成的。企业还应该加大对普通员工技术革新的奖励，这种奖励应该是以物质奖励和精神奖励相结合的方式进行。可以给员工发放奖金，也可以员工的名字命名改革创新的技术。这样激励全员参与到企业技术的改进和革新，不但提高了每个员工的价值，还能持续地提高企业的生产效率，对建立和提升企业核心竞争力有很重要的促进作用。

有了企业文化不等于企业就相应地具备了核心竞争力。要善于运用企业文化建设的成果，积极促其向企业核心竞争力转化。

第七章　人力资源管理与企业竞争战略组织能力融合发展

第一节　企业竞争战略组织

一、企业竞争战略组织

从战略管理的角度，可将组织人员分为三个层次：（1）高层管理人员，他们在战略管理中居战略领导地位，主要功能有领导、决策、控制和协调；（2）中层管理人员，他们对应经营战略和职能战略，在战略管理中主要起激励、控制工程、沟通、协调作用；（3）基层管理人员，他们在战略管理中主要起作业管理和执行作用，同时搜集和反映具体信息。日本学者伊丹敬之认为，所谓"优秀战略"就是"适应战略"，即要求战略内容与战略环境形成适应关系。具体地说，战略要与环境、资源和组织三个因素相适应，首先环境是企业的外部因素，包括技术、竞争和顾客三个变量；资源和组织是企业的内部因素。对每一个经营单位或事业部而言，如果企业最高管理层选择的领域没有发展前途，那么无论以后实行什么样的竞争战略，都很难改变发展的窘境。其次，如果企业不具备开拓新领域所需要的资源和能力，那竞争更无成功之望。最后，即使有了资源，但如果战略不符合组织的具体情况，不能调动人的积极性，那么再好的战略设计最终也只是空中楼阁。只有同时具备上述三种适应关系，战略才能获得成功。

20 世纪 70 年代以来，企业战略制定一直被认为是企业领导和管理层的工作，而与企业员工几乎没有什么关联。从世界范围来看，绝大多数企业在制定战略的过程中奉行的是从上至下的原则，而很少考虑企业员工在战略制定过程中的作用。在我国，绝大多数企业基本上也是由高层领导或战略规划部门负责企业战略的制定与实施。应该说，企业管理者在企业战略制定过程中的确起着关键作用，因为通常情况下他们比一般员工掌握着更丰富和更全面的信息，而且自身要承担企业生存和发展的责任和风险，因而责任心较高。但是，这种方法也存在着较大的弊病。

首先，在通常情况下，许多企业在管理层制定战略后，再将此战略切割成大大小小的部分交给不同职能部门或业务单元执行，这种自上而下、化整为零的做法已经被无数事实证明是低效的，甚至是无效的。企业战略的制定尤其是竞争战略，应该是自下而上、上下互动的融合过程，只有这样才能为全体员工所理解和接受，才能充分发挥员工的积极创造性，才能使企业的竞争战略得以顺利实施。

其次，在知识经济时代，完全由上层领导来制定竞争战略不能充分地培养员工的创新精神、开发员工的创新潜能和发挥员工的主观能动作用。从本质上来说，一般情况下企业的竞争战略是经营单位或事业部的战略，处于公司战略和职能战略的中层，是市场竞争的即时反映，也是与公司长远战略协调统一的结果。因而，竞争战略组织成员不仅包括企业的领导和管理者，同时也包括企业的员工，他们为达到共同的战略目标而同心协力地工作。

企业环境、企业战略和企业组织之间存在互相推动的交互关系，见图 7-1。

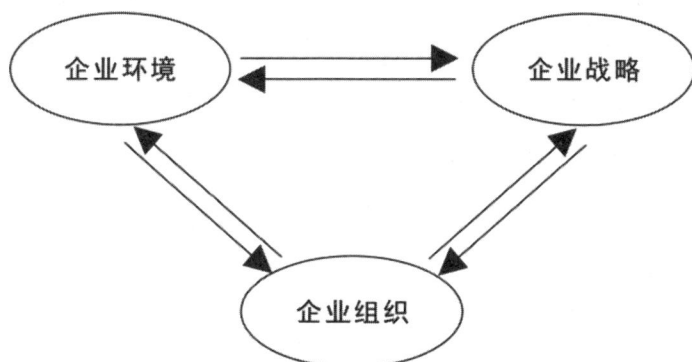

图 7-1 企业战略、环境与组织之间的互动关系

通常情况下企业环境推动着企业战略和企业组织的变革；企业不同的发展阶段所产生的不同战略模式以及伴随这些战略而形成的组织对企业既产生促进作用也产生约束作用；同时，企业组织和组织理论本身也会发展变化，对企业发展和企业战略的发展起到促进和指导作用。

二、企业竞争战略组织的作用

（一）企业管理者是企业竞争制胜的关键

经济学大师马歇尔认为企业管理者是企业组织的领导者、协调者、中间商、创新者和不确定性承担者。企业管理者是企业竞争制胜的关键。第一，企业管理者能为企业战略变革提供更加成功的解决办法。由于企业管理者在权力结构中处于顶层，因而比普通员工掌握更多的信息，能够把握市场变化的方向和战略转变的时机与程度；企业高层管理者由于其独特的地位，因而能超越于企业的职能部门、业务单元、事业部或子公司的利益，因而能协调企业各竞争战略之间的利益冲突。第二，企业管理者是顾客价值创造的主导者，能够在较高层面上调整企业创造顾客价值的能力和方向。当企业制定了一连串的顾客价值创造活动计划后，企业管理者就不得不采取各种可行措施调整企业创造价值的能力和满足顾客需求的能力，从而实现顾客价值创新活动与顾客价值创新能力之间的动态匹配。企业管理者不仅是战略的设计者，也是解决战略过程中问题的控制者。此外，企业管理者在提高顾客价值创造能力方面也发挥着关键的作用。如格兰仕在审时度势，把握微波炉市场方面的能力为企业成为竞争的强者发挥了极大的作用。格兰仕通过零成本引进生产线的方式大大加强了企业的技术支撑，从而为价格战略的制定打下了坚实的基础。

（二）企业员工是企业竞争制胜的根本

在知识经济时代，知识成为企业经营最重要的资源，而企业内部全体人员则是知识的载体。在顾客需求不断变化，科技迅猛发展的今天，只有掌握知识的员工才能将企业的资源转化为最有价值的产出。长期以来，人们通常认为企业的领导决定企业的生死存亡，其实，企业在不断发展的过程中，仅仅有英明的领导决策是不够的，必须依靠全体员工的共同努力才能发挥企业的优势创造最大的价值。因为只有员工才能最先感受到顾客需求的变化，才能将准确的市场信息转化为顾客需要的产品。美国罗氏旅游公司的老板桑布鲁斯先生能把原先只不过是费城地区的一家小旅社，经营为年营业额达上亿美元的世界三大旅游公司之一，其经营高招就在于：他始终把重心放在公司雇员身上。他认为，作为一个公司的老板，在市场观念上自然应该是"顾客第一"，但在经营管理上，则必须做到"员工第一"。因为公司市场行为的全部过程自始至终都体现着员工参与的主导作用。在这种思想的主导下，他把激发雇员的忠心和进取心放在首位，给大家营造出一个快乐舒心的工作环境，进而产生了最佳的工作成果。

第二节　人力资源管理下的企业竞争战略组织能力要素

马克思主义认为人是生产力中最活跃的因素，随着科学技术的进步，经济全球化体系的形成，面对日趋激烈的竞争环境，人和信息发挥的作用越来越大。表面上看，全球企业之间的竞争是产品的竞争，实际上，产品的竞争就是技术与管理的竞争，而技术与管理的竞争归根到底是人才的竞争。因此，重视人的因素，把人放在战略管理的重要位置，培育适应现代企业竞争环境的战略组织能力，构建合理的组织结构与管理体系并协调企业策略、主体的能力等成为现代企业竞争制胜的关键。

随着世界经济一体化趋势的加强、市场竞争的加剧和高素质人才的供不应求，各公司发现它们的成功比以前任何时候都依赖于其员工的综合表现。许多公司已经意识到要成为世界一流的公司，就要拥有世界一流的员工。在信息全球化、知识化的 21 世纪，适应现代企业竞争环境的战略组织成员所需要的能力主要体现在四个方面，即预见能力、技术能力、组织能力、信息能力和创新能力。只有具备这些能力，组织人员才能在动荡的环境中，适应并能动地改造环境，从而赢得竞争优势。

一、预见能力

世界上没有任何人和任何公司能够驾驭商业游戏规则的变化，但我们可以努力走在变化的前面。在全球金融和经济危机时，有的公司几乎破产，而有的公司却顺利渡过难关，其差别在很大程度上就取决于预见能力。那些具备预见能力的公司能够通过并不清楚的表象看到即将到来的风雨，所以他们可以回避风险，可以抓住机遇。不管是企业的管理者还是普通的员工，具备预见能力对企业的生存和发展都十分重要。管理者的预见能力能为企业的发展指明方向，员工的预见能力可以为顾客创造需求奠定基础。战略组织人员要具备预见能力，必须培养敏锐的洞察能力和良好的人际沟通能力。

（一）洞察能力

具备市场意识，发现顾客的潜在需求并给予满足，需要较强的洞察力。紧跟市场发展需要，把握市场机会，寻找技术与市场的较好结合点，开发适合市场需要或能引领市场的产品，才能赢得顾客。洞察能力的意义和预见能力在很大程度上是一致的，否则，在你得意扬扬于成功的喜悦时，可能危险已经降临到你的头上。特别是在产品开发方面，洞察能力决定了你能否提供顾客所需要的产品的能力和提高对市场机会的分辨能力。通过发挥企业全体人员的洞察能力，把握企业未来的发展方向和市场机遇，是企业创造顾客价值的一个重要条件。

（二）人际沟通能力

21世纪的竞争是在全球范围内展开的竞争，任何一个企业所面对的竞争对手，无论在数量上还是实力上都是空前的。职业经理人要想打败竞争对手，就必须寻找到竞争对手，并全面了解竞争对手的信息，了解其在生产、营销、广告、分配和组织管理等方面的弱点，预测竞争对手的反应，了解顾客的需求，并做出正确判断。因而，良好的人际沟通，特别是与顾客的沟通非常重要。询问顾客对产品在整个寿命周期中的感受、体验和要求以及期望，倾听顾客的批评、意见和建议，才能使企业在充分了解和把握顾客需求的基础上为顾客提供更多的价值。同时，倾听顾客的声音是企业成功创造价值的一个重要保证。顾客可以传递最新的产品信息、竞争对手的情况、对偏好变化的预测以及对服务和产品使用方法的及时反馈等。不论何种类型的企业，也不论企业内部的何种层次，都需要倾听来自顾客的声音。在询问和倾听的过程中，需要具备较强的责任心，善于发现每一个细节，不姑息问题。

执行企业的竞争战略，需要全体内部人员具有较高的素质。只有这样才能提高对竞争因素的可控能力和对市场趋势的洞察能力，提高市场风险的防范能力。

二、技术能力

技术能力是目前理论界和企业管理实践中都十分关注的，是大多数企业竞争优势的最终来源。技术的含义不仅仅包括硬件设备和软件知识，也包括企业从事各种技术活动的能力（技术能力）。事实上，硬件设备和软件知识都是由技术能力所支撑的。企业如果拥有先进的硬件设备和优秀的软件知识，那只代表当前的技术状况很好，但企业如果没有从事各种技术活动的能力，不仅发挥不了目前的技术优势，而且还可能使技术优势逐渐消失，最终落后于竞争对手。而且，强大的技术能力也是企业为顾客创造和提供更具价企业技术能力与企业市场竞争力的关联性，其作用过程如图 7-2 所示。

图 7-2 企业技术能力与市场竞争力的作用机理

企业技术能力要转化为市场竞争力，必须通过提高企业自主技术创新能力，不断开发新产品来实现，而企业技术创新能力的提高，是以企业技术能力提高为基础的。在技术能力向市场竞争能力转化的过程中，企业只有不断积累技术能力，才能提高其实现持续技术创新的内在实力。技术能力主要指以下几个方面：利用现有的成熟技术生产客户需要的产品和服务；获取和创造新技术的能力；培育和利用工程技能和生产作业技能的能力。提高企业的技术能力，对于竞争战略的组织人员而言，必须具备三种能力，即技术组合能力、技术融合能力和技术延伸能力。

（一）技术组合能力

技术组合能力是指企业根据顾客的需求与偏好，将两种或两种以上的技术组合在一个系统里，从而产生具有某种新功能的产品，这种技术组合不影响原有的个别技术的特性。技术组合的主要特点是没有创造出一种新技术，但是为顾客提供了具有新的功能的产品或服务，使顾客价值得到了极大的提升。例如，日本的全功能家用视听系统就是在组合了音响、录放像机、电视、个人电脑的基础上，构建了一个新的产品系统，从而赢得了顾客的青睐。

（二）技术融合能力

技术融合能力是根据顾客的需求与偏好，结合两种或两种以上的现有技术而开发出一项新的技术来。技术融合过程的显著特点是几种技术经过融合以后，原有技术失去了各自的特性，最终成为一种全新特性的技术。例如，海尔集团通过技术融合的方式就形成了多个不同系列、不同品种规格的电冰箱产品群。通过不断的技术融合，海尔带动了国内家电技术的全面升级，也使企业创造了更多更好的顾客价值。

（三）技术延伸能力

技术延伸能力是指企业以原有技术为基础，向市场推出初级产品，在得到顾客需求信息的反馈后，又进一步改进原有技术，从而推出新一代的产品，如此反复，使得原有技术得到延伸，从而促进产品功能的不断改进，实现顾客价值的最大化。

企业组织必须始终关注技术被市场接受的程度，因为只有消费者和市场接受的技术才是企业所需要的。因而，培育企业的技术能力，在"干中学"和"用中学"，在"研究和开发中学习"，通过提高技术能力来提高企业的技术水平，缩短技术差距，才能获得竞争力。

三、组织能力

组织能力主要包括执行战略决策的能力；有效地集中、组合、配置和重组企业资源的能力；营造、适应和改进环境的能力；学习和完善组织自身的能力等。它主要体现在以下几个方面。

（一）整合能力

研究表明，组织整合能力是企业经营绩效产生差异的重要来源。组织整合能力对于企业综合内部优势资源，挖掘企业重要潜力，进行顾客价值创新，获得持续竞争优势有着至关重要的影响和作用。组织整合能力主要是指企业对内部系统的整合能力，包括企业内部的职能系统、业务单元系统、子公司事业部系统的整合能力。

在创造顾客价值的过程中，由于涉及企业内部各个职能，因而需要不同职能之间能够实现有机整合，否则将使顾客价值创新活动受到损害。在各个业务单元中，往往不同的业务单元具有自身拥有的独特能力，或长于技术开发，或长于产品创新、生产制造、市场服务等，为了发挥企业的整体竞争优势，企业就必须对各个业务单元进行有机地整合。随着科学技术的迅猛发展，顾客需求的不断变化，产业之间的边界已经变得越来越模糊，产业之间的交叉融合日益成为企业进行顾客价值创新的源泉，因此，加强企业公司事业部之间的界面整合，也成为企业获得持续竞争优势的一个重要方面。

（二）学习能力

组织学习是组织生存与发展的前提和基础。学习贯穿于企业管理的始终，是企业获得生存与发展的基本条件。员工的劳动和企业的成长就是一个持续学习的过程。真正有生命的企业是那些善于学习的企业，学习不仅是员工和整个企业的基本需要，也是价值形成和实现的源泉。在中关村，置身于商战潮头，联想不仅学会了经常反思，总结自己的成败得失，而且特别关注别人的成功与失败，力求达到"别人摔跟头，我们长见识"。从合作中学习，联想集团在与IBM 的收购合作中，学习到了先进技术，学习到了市场运作渠道，学到了企业管理经验。向他人学习，善于从竞争对手、本行业或其他行业的优秀企业以及顾客等各种途径学习。从自己过去的经验中学习，柳传志有句名言："要想着打，不能蒙着打，要善于总结、善于思考、不能光干不总结"。

任何一个具有竞争优势的企业都具有一种能够产生特定价值的内部知识，而这种知识的产生只能来源于组织学习。在当今企业经营环境复杂多变的条件下，组织学习是企业培养和提高核心能力的重要动力，因而引起了广泛的关注。哈佛商学院教授戴维·加尔文综合考察了一些关于学习型组织的文献，给学习型组织下了一个定义："学习型组织是一个能熟练地创造、获取和传递知识的组织"，同时也要善于修正自身的行为，以适应新的知识和见解。

在知识经济来临的今天，企业面临的环境正在发生翻天覆地的变化。为了生存发展，企业必须适应形势变化，不断调整自己，不仅要对方向、过程和结构等外在的要素进行调整，而且要对影响组织运行的各种内在因素，包括企业的价值观、思维模式、基本假设乃至根本目标进行改革，总之是要求不断进行学习。在未来社会如果没有持续的学习，企业将不可能获得任何利润，更不能立足和发展。Simnoni 曾经讨论了组织学习、核心能力与竞争优势的关系，提出了组织学习是建立与提高企业核心能力，获得持续竞争优势的根本途径，如图 7-3 所示。

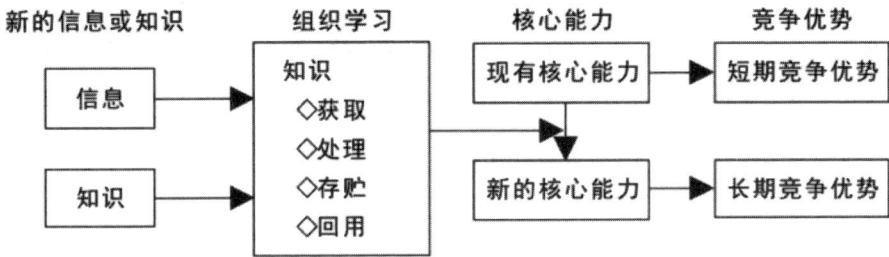

图 7-3 组织学习、核心能力与竞争优势之间的关系

善于不断学习，这是学习型组织的本质特征。（1）强调"终身学习"，即组织中的成员均养成终身学习的习惯，这样才能形成组织良好的学习气氛促使其成员在工作中不断学习。（2）强调"全面学习"，即企业组织的决策层、管理层、操作层都要全心投入学习，尤其是管理决策层，他们是决定企业发展方向和命运的重要阶层，因而更需要学习。（3）强调"全过程学习"，即学习必须贯彻于组织系统运行的整个过程之中。（4）强调"团体学习"，即不但重视个人学习和个人智力的开发，更强调组织成员的合作学习和群体智力的开发。

（三）协调能力

组织协调能力包括组织内部的协调能力和组织外部的协调能力。它主要体现在三个方面：（1）团队协作能力，主要是指是否具备关注团队及成员，协助他人取得成功的团队精神和协作能力，要求组织能积极主动地参与团队建立与维护，保护团队，与团队共享信息与资源，共同为获取竞争优势而努力；（2）改变组织结构的能力，随着企业的不断发展，企业的组织结构在战略中发挥着越来越重要的作用，有效率的组织结构能带来高效的营运效率，为企业赢得竞争优势，而保守的、不适宜的组织结构则常常成为执行竞争战略的障碍，由于外界环境的波动性和某些环境的不确定性，组织结构需要适时地进行变革，以达到于战略之间的协同；（3）协调组织过程的能力，在动荡的市场竞争中，企业组织的构成单位通常会发生改变，这种改变不是以人为中心或结构为中心，而通常是以任务和结果为导向的，如微软公司就取消了职能型的组织结构，建立了以服务不同客户的过程为中心的组织型体，每个部门专门负责特定服务对象，而在这个过程中，由于企业资源的有限性，就必须具有协调整个组织过程的能力。

四、信息能力

在信息高度丰富密集的今天，企业的决策层需要及时准确地掌握业务运作、经营安全、风险防范等方面的信息，并据此迅速做出正确的决策，使企业能够将业务重点放在具有盈利潜力的行业、市场和顾客上，努力争取有价值的顾客，为其提供个性化的服务，从而获得和保持竞争优势。所谓信息能力，是在长期的工作实践中逐渐积累起来的信息处理的经验，它不仅是处理数据的能力，也包括从现实工作中发现信息，并将信息运用于解决问题的能力。信息能力主要体现在以下几个方面。

（一）获取信息的能力

获取信息的能力是指人们通过对自然的感应、人际交流和大众传媒，利用一定的信息技术获取信息的能力，是人们能够利用信息的最基本能力。在这方面，关键的能力主要包括信息的搜集能力、选择能力和检索能力。信息搜集能力，指掌握一定的信息检索的方法，运用基础的信息技术，获取信息的能力。信息搜集的目标是丰富的信息资源，信息搜集的范围由信息需求者来确定，是在一定的信息需要下实行的。信息选择能力只是在搜集好了的信息中选择，它是以信息搜集能力为前提的。不同的信息可用不同的搜集方法。信息检索能力是指人们利用一定的工具，有目的地检索已经加工储存的信息的能力。

（二）处理信息的能力

处理信息的能力，是指能对搜集的信息进行理解、归纳、分类、存储记忆、批判、鉴别、遴选、分析综合、抽象概括和表达等。信息处理都是在大脑中实现的，在这一过程中，信息在大脑中运转、迁移，甚至以记忆的方式注入于大脑中。其中信息理解能力、信息分析综合能力和信息批判能力尤其重要。信息理解能力，是指能明晰信息的本来意图，洞察信息的本质性意义。在信息传播与交流中，信息理解能力直接影响着传递双方的信息编译和传输效果。信息分析综合能力是指在人们把握已获信息的基础上，分析信息资料的细节，并将信息资料重新组合起来的能力。信息的分析与综合是两种互逆的活动。良好的信息分析综合能力应具有全面性、精确性、灵敏性和推断性。信息批判能力，是指通过客观地了解信息生成过程，探讨其有效度与可信度，探讨制作意图、制作技术、心理效果。对于搜集和选择的信息，在理解的基础上进行仔细研究和推敲，形成自己的观点，而不是单纯地产生一种"从众心理"，人云亦云，随波逐流。

（三）生成信息的能力

生成信息的能力是指在信息搜集、选择、理解和批判的基础上，能准确地概述、综合、改造和表述所需要的信息，使之简洁明了，通俗流畅并且富有个性特色。信息生成，指的是通过诸多信息的归纳，抽出倾向性、法则性、相关关系、因果关系等，得出新的结论。在传播过程中，信息生成力表现为信息的编码能力，它的结果在于得出结论，但它仍保留在你的脑海中，还没有表示出来。在多种多样的信息交合作用的基础上，迸发创造思维的火花，产生新信息的生长点，从而创造新信息，达到搜集、选择、理解和批判信息的终极目的。

（四）信息交流的能力

信息交流能力是指人们将自己拥有的信息，通过各种形式纳入统一的、正规的信息交流渠道的能力。信息交流是信息存在的特征是由信息的可传递性决定的，传递出来的信息可以发挥更大的作用。培养人的信息交流能力是社会发展变化的需要。在此过程中，信息意识是信息交流的基础；准确的判断能力是信息交流的关键。只有准确、果断的判断力，才能使信息交流活跃起来，速度加快，信息的价值尽快实现。在信息社会里，信息是最为稀缺的资源；信息能力是衡量公民素质高低的重要尺度之一，信息能力能够在一定程度上决定一个人的社会财富和社会地位，也在一定程度上决定了一个企业的竞争地位和竞争能力。在未来的企业竞争中，信息能力显得尤为重要，正如彼得·德鲁克认为，未来的企业将无可选择地要以信息为基础。因而，信息能力是信息社会所必备的能力，对企业人员而言，为适应现代社会竞争和发展的需要，竞争战略的组织应具备信息的获取、处理能力和有效综合分析信息的能力。

五、创新能力

在动荡的社会经济环境中，由于各种因素的作用和变化处于急剧的非连续与非线性动荡过程，尤其是技术和消费者及商业模式的改变等，严重削弱了企业经营决策与行为可能性预见的基础。在激烈的竞争中，如果企业只有一种竞争优势且无力新创竞争优势时，其生存就非常艰难。在这种情形下，企业要想获得竞争优势，更为长久和高效地生存和发展，就不能只是被动地适应环境，而应该立足于其所拥有或控制的战略资源，利用各种市场机会进行创新，从而超越环境和现有的市场竞争，为顾客提供优越的价值。"创新"，其基本意思是更新、制造新的东西或改变。经济学家约瑟夫·熊彼特认为，创新就是建立一种新的生产函数。生产意味着在我们力所能及的范围内把东西和力量组合起来。他提出的创新概念包括五种情况：其一，采用一种新的产品，也就是消费者还不熟悉的产品，或一种产品的新的特性；其二，采用一种新的生产方法，也就是在有关的制造部门中尚未通过经验鉴定的方法，这种新的方法不需要建立在科学上新发现的基础之上，并且也可以存在于商业上处理一种产品新的方式之中；其三，开辟一个新的市场，也就是进入以前不曾进入的市场，不管这个市场以前是否存在过；其四，掠夺或控制原材料或半制成品的一种新的供应来源，也不问这种来源是已经存在的，还是第一次创造出来的；其五，实现任何一种工业的新的组织，比如造成一种垄断地位，或打破一种垄断地位。

根据熊彼特的"创新是生产要素的重新组合"的定义，创新能力可以理解为"对生产要素创造性的集成的能力"，主要包括技术创新能力、市场创新能力和管理创新能力三个方面，表现出来的就是一种新思想或发明被企业所接受并转化为具有经济价值的产品或服务的能力。创新是一切动力之源，是企业竞争不败的灵魂。创新的实质是创造价值，而价值创造的利基源自消费者的需求，而消费者的需求随着消费者的观念和社会环境的变化而不断变化。因而，价值创新的核心在于以顾客为中心。企业生存的目的，创新的核心都是在于为顾客创造价值。如果不能给顾客提供价值，那么企业就失去了生存的基础。在动荡的环境中，企业只有具备创新能力，不断地超越自己、超越竞争对手，才能创造新的竞争优势。

（一）技术创新能力

技术创新能力是指企业获取先进的技术、知识和信息后，结合企业内部的技术知识加以消化、吸收再加工，通过组织、生产和扩散，实现经济效益的能力。从企业生产到企业消亡，竞争活动贯穿始终，为在竞争中取胜，企业必须从战胜竞争对手的目标出发，努力提高竞争能力，而竞争能力的提高最终是以技术创新能力的提高为支撑的。只有拥有技术创新能力，通过不断创新，逐渐形成自己的核心技术，并以核心技术为手段生产核心产品，并衍生出产品系列，形成企业优势，从而在市场竞争中战胜对手，赢得领先地位。这种竞争优势得以长期保持，就逐渐培育了企业自身的核心能力。这种核心能力可使企业长盛不衰，并在市场上成长、壮大。

（二）制度创新能力

制度创新能力是企业创新能力结构体系中的保障要素。企业制度创新，是指企业为适应知识经济时代要求，对企业内部人们之间原有的契约关系进行调整或改革的行为，能为企业的持续创新提供制度化的动力和机制，使企业在激励机制、资源配置和收入分配等方面获得更高的效率。在企业创新能力结构体系中，要确保技术创新能力要素和支持创新能力的要素之间形成良性互动，形成最有效的运动方式和最佳组合。只有形成以产权创新为保障、管理创新为手段、运营机制与运行方式创新为基础的制度创新体系，才能不断提高企业创新能力。

（三）市场创新能力

为了在长期的市场竞争中能够立于不败之地，企业不能只是满足当前的消费者，还应该争取未来的消费者。既要考虑当前的市场竞争，同时也要预见未来，从而把握和创造未来新优势的机会。因而，适应新竞争环境的市场竞争能力要求企业人员摆脱对既有市场观念、产品观念的束缚，突破产业常规和传统的功能规划方式，不断学习和参考他人的经验，超越"消费者导向"，在现有市场上占据有利的位置或不断开辟新的市场。企业不仅需要针对消费者现有的和潜在的需求，通过产品创新和工艺改进，推出新价值的产品；同时，也要不断细分市场，发现有潜力的客户群。

（四）管理创新能力

管理创新能力是企业创新能力结构体系中的基础要素。企业在其创新过程中，需要拥有大量的智力资源、科技资源、信息资源、环境资源等，这些支持条件相组合就形成了企业管理创新能力的要素，并构成对企业创新活动影响最大的环境背景要素。这些环境背景要素不仅从技术基础、智力资源等方面影响着企业的技术创新能力，而且还从观念、人文环境等方面影响企业的制度创新能力，从而最终影响企业创新能力的全面提高。

综上所述，现代企业竞争战略的组织所具备的能力要素及其与竞争优势之间的关系可以如图7-4所示。

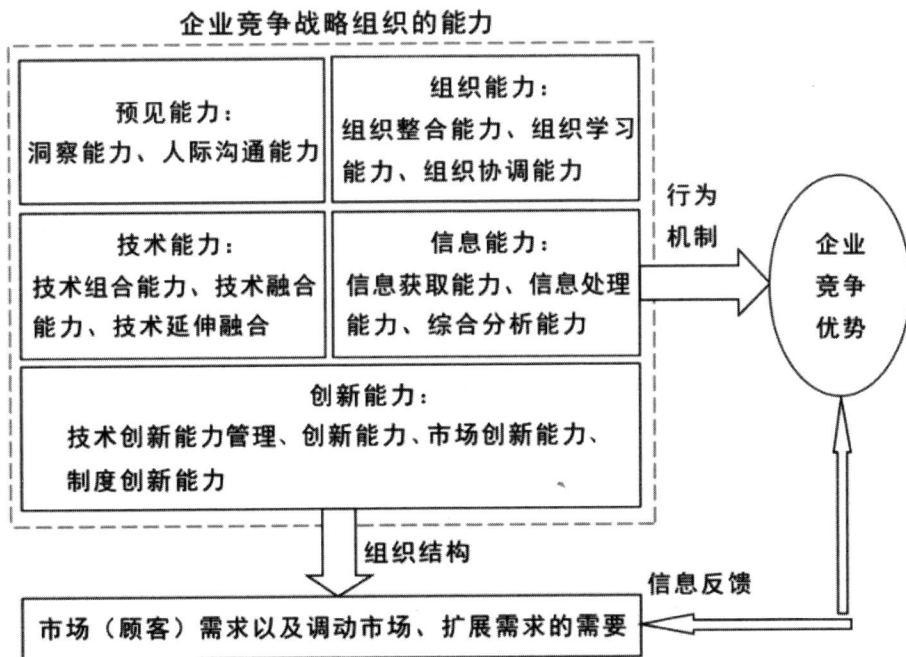

图7-4 企业竞争战略组织的能力与竞争优势的关系

第三节 人力资源管理与企业竞争战略组织融合发展的行为机制

从战略主体的能力到形成企业的竞争优势的过程中,应该建立如下三个机制,即价值驱动机制、能力耦合机制、学习积累机制。其中,价值驱动机制是引导企业全体员工为实现共同愿景的一种牵引机制;能力耦合机制则是在共同价值驱动下,促进企业各种能力要素得到有机整合的机制;学习积累机制则是企业不断发展创造超越价值能力的延伸机制。它们之间的构成关系如图7-5所示。

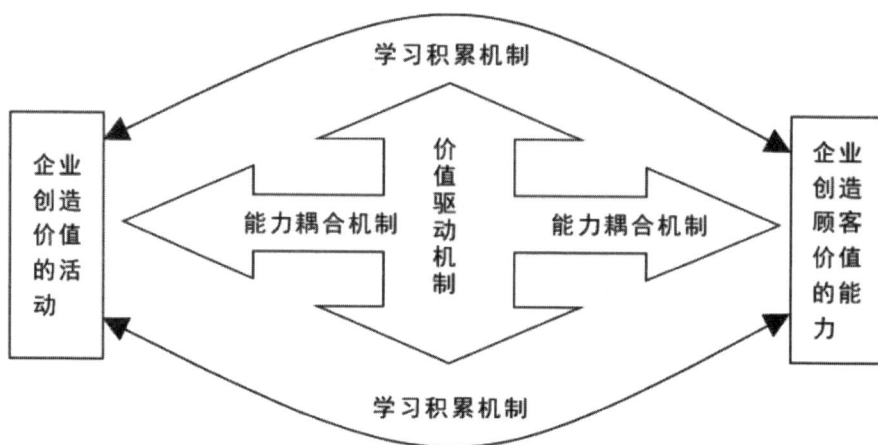

图 7-5 竞争优势构建的组织工作机制

一、基于企业价值观的价值驱动机制

所谓价值观,就是一个企业基本的信仰和理念。也就是说,要获得长远生存和发展的企业,管理者和员工都知道企业存在的原因,以及企业将要走向何处。位于《财富》杂志所列出的"最值得赞赏的公司"前列的默克公司，之所以受到大家的尊敬，不仅是因为它的财务业绩，而且因为它那水晶般清澈和不动摇的使命感和身份感。默克公司的价值观包括以下5个方面。

一是我们的工作是保护和改善人类的生存条件。我们的一切活动必须用我们在实现这个目标方面是否成功来加以衡量。我们一切活动的最高目的是使得每一个恰当地使用了我们的产品和服务的人得到好处，并且始终不渝地让顾客满意。

二是我们承诺具有最高水准的道德和正直。我们向我们的顾客、公司的员工和他们的家庭负责，向我们居住的环境，以及我们在全世界服务的社会负责。在履行我们的责任时，我们决不走专业的或道德的捷径。在我们与社会的各方面交往时，必须体现出我们所宣布的高标准。

三是我们致力于最高水准的科学优秀成果，并且承诺我们的研究要用来提高人类和动物的健康和生存质量。我们要努力去发现顾客和消费者最迫切的需要，我们要将我们的资源贡献在满足这些需要上。

四是我们期望获得利润，但是只能通过满足顾客的需要和为人类带来福祉的方法得到它。

五是我们认识到，超越那种以最具有竞争力的方式来满足社会和顾客需要的能力取决于员工们的正直、知识、想象力和团队精神，因此，我们把这些品质看得高于一切。最后，我们创造一种相互尊重、鼓励和团结精神的环境，这种工作环境能够对负责精神和工作业绩做出报答，并对员工及其家庭负责。

亨利·福特在《缔造福特汽车王国》一书的序言中写道："对于我的成功来说，最重要的莫过于为顾客提供最优质而且价格最低廉的服务。我们的生产就是为了向人们提供服务"。亨利·福特经营公司的价值取向是为企业员工、消费者、股东创造最大的价值。他认为公司的利润不能只是让个人财富膨胀，而应该是用来为企业提供更好的生存基础、更好的工作条件、更优厚的工资、更多的就业机会。一个成功的企业应该是造福于以上三者的。也正是在创造价值最大化的价值理念下，福特成功地缔造了他的汽车王国，并最终走向了世界。

企业制定竞争战略，其目的不是企业自身利益的最大化，而是顾客、员工、企业和其他利益相关者的价值最大化；主要核心和最终目的是创造价值，即为一个休戚相关的利益群体创造价值。只有具备这样的价值取向，企业才能赢得持续的竞争优势。在外界环境多变的情况下，有时，企业的竞争战略会改变原有的路径，作相应的调整和变动，但是企业竞争战略的价值取向始终是延续不变的。正是在这种共同的价值驱动下，企业的领导者和员工才能更好地实现多赢。

二、基于核心竞争力的能力耦合机制

战略组织的各种能力虽然都能在一定程度上发挥一定的作用，但它们表现出来的能力形态往往是发散的，而且重点指向也各不相同。但企业在开展为顾客创造超越于竞争对手的价值活动时，往往需要这些能力能够相互整合起来，形成最大效应的合力，因而，在这些能力之间就存在耦合机制，如果各项能力匹配得合理，那么企业就能发挥最大的潜能创造最大的价值。从字面上理解，"核心竞争力"一词中的"核心"具有多重含义：一是指同类事物居于重要地位；二是指在相互依存的系统中处于深层次位置。因此，企业核心竞争能力必须对企业发展具有长远性和深远性的影响，处于企业竞争能力的最深层。在市场经济中，每个企业都或多或少具有一定的竞争能力，否则不能在市场竞争中生存，但实际上，现存的企业并非每个都具有自己的核心竞争能力。具有核心竞争能力的企业在其发展过程中，不仅能够使一个企业比其他企业更有效地向市场提供产品或服务，并实现自身利益，而且核心竞争能力的因素十分集中。与一般竞争能力相比，企业核心竞争能力具有以下几个特性。

1. 价值优越性

企业核心竞争能力能够实现经济效益最大化，与竞争对手相比，能够为用户提供更多的使用价值，从而能够更好地满足用户需求。同时，企业核心竞争能力能够使企业具有更低的产品成本，从而取得更高的经济效益，实现企业价值最大化。

2. 独特性

企业核心竞争能力是该企业独一无二的竞争能力。

3. 不可替代性

与企业其他竞争能力相比，企业核心竞争能力是该企业成功所不可替代的竞争能力。

4. 不可模仿性

企业核心竞争能力是通过该企业长期的学习积累而形成，深深地打上了该企业的烙印，其他企业无法模仿。

5. 不可交易性

企业核心竞争能力的存在形态是隐性的，虽然可以被人们感受到，但无法像其他资源一样通过市场进行交易。

6. 延伸性

企业能够从核心竞争能力衍生出一系列相关产品或服务，实现范围经济。核心竞争能力的延伸性越强，范围经济的可实现程度越大。

7. 长期性

企业核心竞争能力的培育和形成是一个长期的过程，企业一旦拥有核心竞争能力，将获得长期持续的发展。

前面所讨论的五种能力，必须在共同的核心价值理念指导下，通过企业文化、管理手段和一定的业务运作模式才能表现出来。并通过它们的相互补充和共同作用，从而形成一个有机的整体，推动企业的成长。基于核心竞争力的能力耦合机制如图 7-6 所示。

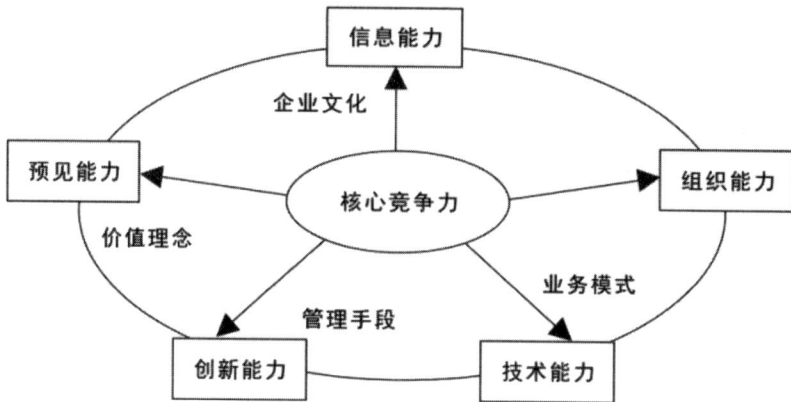

图 7-6 基于核心竞争力的能力耦合机制

其中，核心价值理念是企业竞争战略主体能力耦合机制的前提，业务运作模式则是能力耦合机制构建的基础，管理手段是各种能力要素耦合的工具，而企业文化则是能力耦合机制的保障。

三、基于知识管理的学习积累机制

企业核心竞争能力来自企业组织内的集体学习，来自经验规范和价值观的传递，来自组织成员的相互交流和共同参与。学习型组织是日益受到关注的新型企业管理组织，这种管理模式能使企业在现代知识经济社会中，焕发强劲的生命力，这种新型的管理模式正成为许多大中小型企业普遍追求和向往的组织模式。1983 年，壳牌石油公司的一项调查表明，1978 年名列《财富》杂志 50 大企业排行榜的公司已经销声匿迹了，调查发现大部分公司失败的原因在于组织学习的障碍妨碍了组织的应变能力、适应能力和创新能力，直到危害了组织的生命力。因此今后最成功的企业将是"学习型组织"，因为未来唯一不竭的竞争优势是具有比竞争对手学习更快的能力。由于知识的载体是个体和组织，因此，知识的积累过程也就是个体知识和组织知识的积累过程，而个体知识和组织知识的积累只能通过组织学习来实现。因而，基于知识管理的学习积累机制能使战略主体在竞争中不断积累知识，培育自身的能力，实现自我超越。基于知识管理的学习积累机制，包括激励机制、更新机制、学习保障和促进机制、共享机制。

（一）激励机制

美国哈佛大学教授研究发现，在缺乏激励的环境下，人的潜力只发挥出了一小部分即 20% ~ 30%，但在良好的激励环境中，同样的人却能发挥出潜能的 80% ~ 90%。对于有知识懂管理的人才要委以重任，必须善于处理好物质奖励、行为奖励以及思想教育工作三方面的关系，使员工始终保持旺盛的工作热情，充分发挥自己的特长，努力学习技术和钻研业务，不断改进工作，从而达到提高劳动生产率的目的。每个人都有自己的思考方式，如果员工本身未被充分激励去挑战成长目标，就不会促进组织的成长、生产力的提升和产业技术的发展。

（二）更新机制

观念上的滞后是学习型企业难以建立的最大障碍，观念上的更新是建立学习型组织的第一步，也是最重要的一步。思想决定行动，行动决定命运，没有正确的观念，就不能在组织中建立恰当的组织学习机制，不采取正确的行动，也就永远达不到学习型企业的境地。更新观念是学习型企业的灵魂。

（三）学习保障和促进机制

建立完善的企业学习激励机制，必须从组织结构、战略制度、知识管理等几方面激励员工学习、团体学习。学习型企业必须建立起一个有利于学习的环境，包括学习网络与学习设施为主的硬件建设和学习激励机制为主的软件建设。重视员工的培训和教育，从而提高员工的素质，促进生产的发展，提高企业的竞争力。企业在个人学习、团体学习、组织学习三个方面提供良好的条件，形成企业员工安心学习、善于学习、乐于学习的氛围和环境。建立学习型企业是一个漫长的过程，必须有坚定的意愿、得力的措施、恰当的切入点和强有力的组织。

（四）共享机制

实现企业内部知识共享是实现学习型企业不可缺少的一部分，而知识共享的核心在于运用最佳的管理来进行知识交流，从而使个人知识为组织的所有成员共享。营造一种知识共享的氛围，可以通过多种途径来培养企业知识共享文化，如决策层和管理层的示范作用、鼓励团队精神、实行整体绩效考核、共同学习等。随着世界经济一体化进程的加快和科学技术的迅猛发展，构建基于知识管理的学习积累机制将使企业在新的形势下焕发出更新、更强的生命力。这种新型企业将充满活力和创造精神，其管理者志向远大，员工勤奋工作，从而形成了积极向上的企业文化。企业不仅能在风云变幻的市场中稳定而快速地发展，而且能在激烈的竞争中保持持续的竞争优势。基于知识管理的学习积累机制构成如图 7-7 所示。

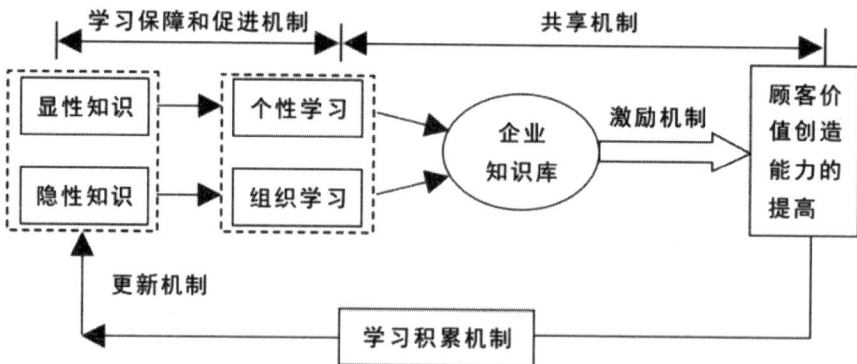

图 7-7 基于知识管理的学习积累机制

综上可知，企业竞争战略组织所具备的每一单项能力是企业参与市场竞争的基本要素之一。它们通过一定的组织结构，形成使企业获得生存与发展的基

第七章　人力资源管理与企业竞争战略组织能力融合发展

础。但是，企业所形成的组织结构及其战略组织综合表现出来的能力，必须在一定的活动规则和行为规范下进行，也就是说组织所具备的这些能力只有通过一定的机制运作，才能最终从整体上、在市场的较量中最大限度地转化为现实市场的竞争能力，否则就是资源的浪费。因此，研究竞争战略组织的行为机制，与主体能力的培育、塑造同样重要。只有通过一定的行为机制，才能激活组织潜在的能力，发挥企业领导和企业员工的作用，才能将单个的能力集合为高效运行的组织，从而实现特定的战略目标。

要充分发挥企业战略组织的作用，首先，组织人员就必须要有相同的价值取向，这就需要企业全体员工能在企业核心价值理念的指导下，达成共同愿景；其次，由于企业领导和企业员工能力的差异性，如何整合他们的能力形成共同的合力也非常关键；最后，在动荡的市场竞争环境里，无论是企业领导还是员工，必须不断地学习，在创造价值的过程中不断促进企业竞争优势向高层演进。

- 209 -

参考文献

[1]安海月. 企业人力资源管理激励机制的优化策略[J]. 理财周刊, 2021（01）: 133.

[2]安立仁. 管理理论前沿专题[M]. 北京: 中国经济出版社, 2014.

[3]曹睿. 柔性人力资源管理对企业动态能力的影响研究[J]. 财讯, 2018（12）: 88-89.

[4]陈岳堂, 高涵. 绩效管理[M]. 长春: 东北师范大学出版社, 2018.

[5]高军. 经济管理前沿理论与创新发展研究[M]. 北京: 北京工业大学出版社, 2019.

[6]高岩. 市场导向与人力资源柔性对新进入企业竞争优势影响机理研究[D]. 哈尔滨: 哈尔滨工程大学, 2020.

[7]葛晓茜. 战略人力资源管理对企业绩效的影响研究[D]. 长春: 东北师范大学, 2018.

[8]龚尚猛. 工作分析[M]. 上海: 上海财经大学出版社, 2020.

[9]郭学利. 基于企业文化的新员工入职培训计划的制定与实施研究[D]. 消费导刊, 2021（30）: 201.

[10]韩珊珊. 基于MFCA与JEPIX的企业生态经济效益评价研究[D]. 哈尔滨: 哈尔滨商业大学, 2019.

[11]贾聪. M企业改制的人力资源激励机制优化研究[D]. 武汉: 武汉纺织大学, 2017.

[12]李宏. 现代企业经济管理中的创新策略探讨[D]. 商场现代化, 2014（02）: 91-92.

[13]李开元. 供电企业关键绩效考核指标体系设计研究[D]. 北京: 华北电力大学, 2012.

[14]李鸣鑫. 人力资源柔性管理对员工创新行为的影响[J]. 全国流通经济, 2017（21）: 47-48.

[15]李世谦. X公司人力资源开发研究[D]. 长沙: 湖南师范大学, 2019.

[16]李文静, 王晓莉. 绩效管理[M]. 沈阳: 东北财经大学出版社, 2018.

[17]李作学, 孙宗虎. 人力资源管理流程设计与服务工作标准[M]. 北京: 人民邮电出版社, 2020.

[18]刘晓莉. 企业经济发展与管理创新研究[M]. 北京: 中央民族大学出版社, 2018.

[19]刘字坤. YC公司研发人员绩效考核改进研究[D]. 西安: 西安电子科技大学, 2020.

[20]刘倬. 人力资源管理[M]. 沈阳：辽宁大学出版社，2018.

[21]吕强. 组织公平对员工创新行为的影响机制研究[D]. 成都：西南交通大学，2015.

[22]吕珍. 现代企业经济管理创新内容及方法[J]. 现代经济信息，2017（15）：118.

[23]王朝晖. 战略人力资源管理对情境双元型创新的影响研究[M]. 长沙：湖南科学技术出版社，2017.

[24]王静. 柔性导向人力资源实践对员工创造力的影响研究[D]. 南宁：广西大学，2020.

[25]王林雪，张卫莉，宁艳丽. 新编人力资源管理概论[M]. 西安：西安电子科技大学出版社，2016.

[26]王胜会. 企业培训需求分析实务[M]. 北京：中国劳动社会保障出版社，2013.

[27]王文军. 人力资源培训与开发[M]. 长春：吉林科学技术出版社，2020.

[28]王颜波. 共享经济形势下人力资源管理的探究[J]. 中国集体经济，2020（14）：109-110.

[29]王艳红. 产业结构调整下的人力资源开发变革[J]. 消费导刊，2017（11）.

[30]卫云，许芳. 组织文化、工作价值观与员工创新行为关系研究[J]. 中国劳动，2016（06）：65-70.

[31]杨河清，张琪. 人力资源管理[M]. 沈阳：东北财经大学出版社，2017.

[32]杨梅. 人力资源管理的应用与未来发展趋势[J]. 新金融世界，2020（04）：103-104.

[33]杨玥. 组织创新价值观对员工创新行为的影响机制研究[D]. 昆明：云南财经大学，2021.

[34]俞景翙. L银行人力资源职能战略优化研究[D]. 兰州：兰州交通大学，2020.

[35]袁海棠. 乡镇经济管理中存在的问题与对策[J]. 中国民商，2021（07）：5，7.

[36]战绍磊. 人力资源与产业结构耦合互动的绩效及影响因素研究[J]. 吉林大学社会科学学报，2018，58（04）：87-96，205.

[37]张建国. 激励机制在企业人力资源管理中的作用[J]. 缔客世界，2021（01）：227.

[38]张妍. 人口老龄化对我国产业结构升级的影响研究[D]. 济南：山东财经大学，2021.

[39]周艳丽，谢启，丁功慈. 企业管理与人力资源战略研究[M]. 长春：吉林人民出版社，2019.

[40]周颖. 战略视角下的人力资源管理研究[M]. 长春：吉林大学出版社，2019.

[41]周朕可. 高绩效工作系统对员工创新行为的影响机制研究[D]. 长沙：湖南师范大学，2020.

[42]朱伏平，杨方燕. 经济管理[M]. 成都：西南交通大学出版社，2018.